Anne-Kathrin Wiegand

Die Bilanzierung ungewisser Verbindlichkeiten im Lichte des Einzelbewertungsgrundsatzes

Die Bewertungseinheit auf der Passivseite der Bilanz

Diplomica® Verlag GmbH

Wiegand, Anne-Kathrin: Die Bilanzierung ungewisser Verbindlichkeiten im Lichte des Einzelbewertungsgrundsatzes. Die Bewertungseinheit auf der Passivseite der Bilanz, Hamburg, Diplomica Verlag GmbH 2010

ISBN: 978-3-8366-9188-8
Druck: Diplomica® Verlag GmbH, Hamburg, 2010

Bibliografische Information der Deutschen Nationalbibliothek:
Die Deutsche Nationalbibliothek verzeichnet diese Publikation in der Deutschen Nationalbibliografie; detaillierte bibliografische Daten sind im Internet über http://dnb.d-nb.de abrufbar.

Die digitale Ausgabe (eBook-Ausgabe) dieses Titels trägt die ISBN 978-3-8366-4188-3 und kann über den Handel oder den Verlag bezogen werden.

Dieses Werk ist urheberrechtlich geschützt. Die dadurch begründeten Rechte, insbesondere die der Übersetzung, des Nachdrucks, des Vortrags, der Entnahme von Abbildungen und Tabellen, der Funksendung, der Mikroverfilmung oder der Vervielfältigung auf anderen Wegen und der Speicherung in Datenverarbeitungsanlagen, bleiben, auch bei nur auszugsweiser Verwertung, vorbehalten. Eine Vervielfältigung dieses Werkes oder von Teilen dieses Werkes ist auch im Einzelfall nur in den Grenzen der gesetzlichen Bestimmungen des Urheberrechtsgesetzes der Bundesrepublik Deutschland in der jeweils geltenden Fassung zulässig. Sie ist grundsätzlich vergütungspflichtig. Zuwiderhandlungen unterliegen den Strafbestimmungen des Urheberrechtes.

Die Wiedergabe von Gebrauchsnamen, Handelsnamen, Warenbezeichnungen usw. in diesem Werk berechtigt auch ohne besondere Kennzeichnung nicht zu der Annahme, dass solche Namen im Sinne der Warenzeichen- und Markenschutz-Gesetzgebung als frei zu betrachten wären und daher von jedermann benutzt werden dürften.

Die Informationen in diesem Werk wurden mit Sorgfalt erarbeitet. Dennoch können Fehler nicht vollständig ausgeschlossen werden, und der Diplomica Verlag, die Autoren oder Übersetzer übernehmen keine juristische Verantwortung oder irgendeine Haftung für evtl. verbliebene fehlerhafte Angaben und deren Folgen.

© Diplomica Verlag GmbH
http://www.diplomica-verlag.de, Hamburg 2010
Printed in Germany

Inhaltsverzeichnis

Inhaltsverzeichnis I
Abkürzungsverzeichnis V

I. Einführung 1
   1. Hintergrund und Ziel der Untersuchung 1
   2. Gang der Untersuchung 2
II. Grundlagen der Bilanzierung ungewisser Verbindlichkeiten 3
   1. Bilanzierung dem Grunde nach 3
      1.1 Handelsrechtliche Bilanzierung 3
          1.1.1 Zweck der handelsrechtlichen Rechnungslegung 3
          1.1.2 Statischer versus dynamischer Rückstellungsbegriff 3
          1.1.3 Rückstellungskatalog des § 249 HGB 4
      1.2 Rückstellungen in der Steuerbilanz 5
          1.2.1 Zweck der steuerrechtlichen Rechnungslegung 5
          1.2.2 Maßgeblichkeit der handelsrechtlichen Rechnungslegung 5
          1.2.3 Voraussetzungen für den Ansatz ungewisser Verbindlichkeiten 6
      1.3 Rückstellungen nach IAS/IFRS 7
          1.3.1 Zweck der Rechnungslegung nach IAS/IFRS 7
          1.3.2 Ansatzkriterien nach IAS 37 8
   2. Bilanzierung der Höhe nach 9
      2.1 Handelsrechtliche Bilanzierung 9
          2.1.1 Vernünftige kaufmännische Beurteilung 9
          2.1.2 Abzinsung des Rückstellungsbetrags 9
      2.2 Rückstellungen in der Steuerbilanz 10
          2.2.1 Ansatz des Erfüllungsbetrags 10
          2.2.2 Abzinsung des Erfüllungsbetrags 11
          2.2.3 Möglichkeit einer Ansammlung 13
      2.3 Rückstellungen nach IAS/IFRS 13
          2.3.1 Selbständige Bewertbarkeit 13
          2.3.2 Abzinsung des Rückstellungsbetrags 14

III. Bilanzierung ungewisser Verbindlichkeiten im Lichte des Einzelbewertungsgrundsatzes 15

1. Handelsrechtliche Beurteilung 15

1.1 Grundsätze ordnungsmäßiger Buchführung 15

1.2 Einzelbewertungsgrundsatz im System der GoB 16

    1.2.1 Einzelbewertungsgrundsatz und Realisationsprinzip 17

        1.2.1.1 Bedeutung und Umfang des Realisationsprinzips 17

        1.2.1.2 Rückstellungsbegrenzende Wirkung des Realisationsprinzips 18

    1.2.2 Einzelbewertungsgrundsatz und Imparitätsprinzip 20

1.3 Saldierung als zulässige Abweichung vom Einzelbewertungsgrundsatz 20

1.4 Übertragung der Erkenntnisse auf die Rückstellungspassivierung 22

2. Steuerrechtliche Beurteilung 25

2.1 Maßgeblichkeit der handelsrechtlichen GoB 25

2.2 Rückstellungsbewertung und Einzelbewertungsprinzip 26

    2.2.1 Einzelrückstellungen und pauschale Rückstellungsbewertung 26

        2.2.1.1 Rückstellungen für Gewährleistungsverpflichtungen 28

        2.2.1.2 Kollektivrechtliche Rückstellungen 29

    2.2.2 Berücksichtigung von Rückgriffsansprüchen 30

2.3 Bestimmung von Bewertungseinheiten als Anhaltspunkt für die Rückstellungsbilanzierung 31

    2.3.1 Formal-juristische Betrachtungsweise 33

    2.3.2 Wirtschaftliche Betrachtungsweise 34

        2.3.2.1 Grundsatz des einheitlichen Nutzungs- und Funktionszusammenhangs 36

        2.3.2.2 Gewinnrealisierung bei langfristigen Fertigungsaufträgen 38

        2.3.2.3 Mehrkomponentenbilanzierung 39

        2.3.2.4 Bildung von Leistungsbündeln im Steuerrecht 41

        2.3.2.5 Bestimmung eines Transferpakets im Rahmen der Funktionsverlagerung 42

2.4 Zwischenergebnis 43

3. Beurteilung nach IAS/IFRS 44

3.1 Einzelbewertung und Bewertungseinheit 44

3.2 Atomisierungstendenzen und Komponentenansatz 45

IV. Kritische Würdigung der Bedeutung des Einzelbewertungsgrundsatzes für ungewisse Verbindlichkeiten am Beispiel ausgewählter Verpflichtungen 46

   1. Rückstellungen für Rekultivierungsverpflichtungen 46

      1.1 Begriffsbestimmung und Anspruchsgrundlagen 46

      1.2 Rückstellungsansatz 47

         1.2.1 Rückstellung für ungewisse Verbindlichkeit 47

         1.2.2 Einheitliche Rückstellung für Rekultivierungsverpflichtungen oder Atomisierung in Einzelverpflichtungen 48

      1.3 Rückstellungsbewertung 50

         1.3.1 Abzinsung von Rückstellungen für Sachleistungsverpflichtungen 50

            1.3.1.1 Bedeutung des Abzinsungszeitraums für den Rückstellungsansatz 50

            1.3.1.2 Vereinbarkeit der Abzinsung mit dem Realisationsprinzip 52

         1.3.2 Berücksichtigung positiver Erfolgsbeiträge 54

      1.4 Zwischenergebnis 55

   2. Rückstellungen für Restrukturierungsverpflichtungen 56

      2.1 Rückstellungsansatz 56

         2.1.1 Rückstellungen für ungewisse Verbindlichkeiten 56

         2.1.2 Kollektivrechtliche Verpflichtung und Grundsatz der Einzelbewertung 57

         2.1.3 Einheitlichkeit der Verpflichtung oder Atomisierung in Teilverpflichtungen 58

      2.2 Rückstellungsbewertung 59

      2.3 Zwischenergebnis 59

V. Fazit und Ausblick 60

Anhang 61

Anhang I 61

Anhang II 62

Anhang III 63

Literaturverzeichnis 64

Rechtsquellenverzeichnis 84

Richtlinien und Verwaltungsanweisungen 86

Rechtsprechungsverzeichnis 87

Abkürzungsverzeichnis

Abs.	Absatz; Absätze
a. F.	alte Fassung
AG	Die Aktiengesellschaft [Zeitschrift]
Alt.	Alternative
Art.	Artikel
AStG	Außensteuergesetz
BB	Betriebs-Berater [Zeitschrift]
BBergG	Bundesberggesetz
BBK	Buchführung, Bilanzierung, Kostenrechnung [Zeitschrift]
BetrVG	Betriebsverfassungsgesetz
BFH	Bundesfinanzhof
BFH/NV	Bundesfinanzhof: Nicht veröffentlichte Urteile [Zeitschrift]
BFuP	Betriebswirtschaftliche Forschung und Praxis [Zeitschrift]
BGB	Bürgerliches Gesetzbuch
BGH	Bundesgerichtshof
BilMoG	Bilanzrechtsmodernisierungsgesetz
BMF	Bundesministerium der Finanzen
bspw.	beispielsweise
BStBl.	Bundessteuerblatt [Zeitschrift]
BT-Drucks.	Bundestags-Drucksache
CGU	cash generating unit
DB	Der Betrieb [Zeitschrift]
Diss.	Dissertation
DStJG	Deutsche Steuerjuristische Gesellschaft e. V.
DStR	Deutsches Steuerrecht [Zeitschrift]
DStZ	Deutsche Steuer-Zeitung [Zeitschrift]
ED	Exposure Draft
EG	Europäische Gemeinschaft
EITF	Emerging Issues Task Force

ERA	Entgeltrahmenabkommen
EStG	Einkommensteuergesetz
EStR	Einkommensteuer-Richtlinien
EuGH	Europäischer Gerichtshof
e. V.	eingetragener Verein
f.	folgende
F.	Framework (Rahmenkonzept)
ff.	fortfolgende
FG	Finanzgericht
FR	Finanzrundschau [Zeitschrift]
gem.	gemäß
ggü.	gegenüber
GmbH	Gesellschaft mit beschränkter Haftung
GmbHR	GmbH-Rundschau [Zeitschrift]
GoB	Grundsätze ordnungsmäßiger Buchführung
GrS	Großer Senat
HGB	Handelsgesetzbuch
Hrsg.	Herausgeber
IAS	International Accounting Standard(s)
IDW	Institut der Wirtschaftsprüfer in Deutschland e. V.
IFRS	International Financial Reporting Standard(s)
IFSt	Institut "Finanzen und Steuern" e. V.
i. S. d.	im Sinne des / im Sinne der
IStR	Internationales Steuerrecht [Zeitschrift]
iur.	iuris
i. V. m.	in Verbindung mit
Kfm.	Kaufmann
KoR	Zeitschrift für internationale und kapitalmarktorientierte Rechnungslegung [Zeitschrift]

lit.	littera (Lateinisch = Buchstabe)
m. E.	meines Erachtens
NJW	Neue Juristische Wochenschrift [Zeitschrift]
Nr.	Nummer
PiR	Praxis der internationalen Rechnungslegung [Zeitschrift]
RegE	Regierungsentwurf
rer. pol.	rerum politicarum
Rz.	Randziffer
S.	Satz; Seite
sog.	sogenannte (-s)/(-r)/(-n)
Stbg	Die Steuerberatung [Zeitschrift]
StbJb	Steuerberater-Jahrbuch [Schriftenreihe]
StBp	Die steuerliche Betriebsprüfung [Zeitschrift]
StEntlG	Steuerentlastungsgesetz
StuB	Steuern und Bilanzen [Zeitschrift]
u. a.	unter anderem, (-n)
u. Ä.	und Ähnliche (-s)
UR	Umsatzsteuer-Rundschau [Zeitschrift]
US	United States
US-GAAP	Generally Accepted Accounting Principles in den USA
UVR	Umsatzsteuer- und Verkehrsteuer-Recht [Zeitschrift]
v.	von, vom
vgl.	vergleiche
WPg	Die Wirtschaftsprüfung [Zeitschrift]
z. B.	zum Beispiel
ZfB	Zeitschrift für Betriebswirtschaft [Zeitschrift]

I. Einführung

1. Hintergrund und Ziel der Untersuchung

Vor allem zwei Gründe bewirken eine permanente Aktualität von Rückstellungsfragen. Zum einen werden in der Rückstellungsposition die vielfältigen Grundsatzprobleme des Steuerrechts „wie in einem Brennglas"[1] gebündelt, zum anderen treten stetig neue Sachverhalte in Erscheinung, welche hinsichtlich ihrer Bedeutung für die Rückstellungsbilanzierung stets neu betrachtet werden müssen.[2] Gerade weil Rückstellungen eine der dominierenden Bilanzposten im Jahresabschluss deutscher Unternehmen darstellen und sie maßgeblichen Einfluss auf deren Gewinnermittlung ausüben, sind sowohl Ansatz als auch Höhe von Rückstellungen oft Grundlage umfassender Diskussionen.[3] Eine die Rückstellungsbilanzierung erheblich beeinflussende Neuerung brachte das Inkrafttreten des Steuerentlastungsgesetzes 1999/2000/2002.[4] Seit dem 1.1.1999 sind demnach Verbindlichkeiten und Rückstellungen mit einer Restlaufzeit von mindestens einem Jahr gem. § 6 Abs. 1 Nr. 3 i. V. m. Nr. 3a lit. e EStG mit einem Zinssatz von 5,5% abzuzinsen. Die Einführung dieser gesetzlichen Norm macht es zwingend erforderlich, sich bei der Bilanzierung ungewisser Verbindlichkeiten auch mit dem Einzelbewertungsgrundsatz auseinander zu setzen. Denn durch die Abzinsung von Rückstellungen und die damit verbundene Belastungswirkung ist die Frage nach eindeutigen Abgrenzungskriterien und dem jeweiligen Grad der Atomisierung einer Rückstellung in ihre Teilverpflichtungen als einzelne, separat zu passivierende Rückstellungen unerlässlich. Dabei wurden hinreichend Kriterien zur Abgrenzung von Vermögensgegenständen und Wirtschaftsgütern auf der Aktivseite der Bilanz entwickelt, wie bspw. der einheitliche Nutzungs- und Funktionszusammenhang, der Grad der Umsatzrealisierung bei langfristigen Fertigungsaufträgen oder die unterschiedlichen Nutzungsdauern von Wirtschaftsgütern. Hingegen auf der Passivseite der Bilanz wurde der Frage nach einer Abgrenzung von Rückstellung und Verbindlichkeiten bisher keine große Bedeutung zugesprochen.[5] Aufgrund der in § 6 Abs. 1 Nr. 3a lit. e S. 2 EStG bestimmten Vorschrift, dass der Zeitraum bis zum Beginn der Erfüllung

---

[1] *Herzig*, Risikovorsorge, 1991, S. 200.
[2] Vgl. *Herzig*, Risikovorsorge, 1991, S. 200 f.
[3] Vgl. *Reuter*, Steuerentlastungsgesetz, 2007, S. 1 f.
[4] Vgl. Gesetzentwurf zum *Steuerentlastungsgesetz 1999/2000/2002*, BT-Drucks. 14/265, S. 125.
[5] Vgl. *Schroeder*, Steuerbilanz, 1990, S. 102; *Jüttner*, GoB-System, 1993, S. 129.

maßgeblich für die Abzinsung ist, macht die Unterscheidung zwischen dem Ansatz einer *einzigen* Rückstellung oder deren atomisierte Bilanzierung in separate Teilleistungen aber fundamental hinsichtlich der Höhe der Abzinsung. Betrachtet man beispielsweise bergbauspezifische Verpflichtungen, so stellt sich die Frage, ob die Wiedernutzbarmachung der durch den Bergbau devastierten Oberfläche in deren einzelne Teilverpflichtungen wie u.a. Auffüllung, Restraumgestaltung und Rekultivierung aufgespalten werden sollte, oder ob diese Teilleistungen in einer Rückstellung zusammengefasst abgebildet werden müssen.

Ziel der nachfolgenden Untersuchung ist es, den Grundsatz der Einzelbewertung bei der Bilanzierung ungewisser Verbindlichkeiten zu untersuchen, um somit aus den handelsrechtlichen Grundsätzen ordnungsmäßiger Buchführung (GoB) und dem darin kodifizierten Vorsichtsprinzip sowohl eigenständige Abgrenzungskriterien für die Rückstellungsbilanzierung zu entwickeln, als auch bereits bestehende Abgrenzungskriterien der Aktivseite hinsichtlich ihrer Übertragbarkeit auf die Passivseite zu überprüfen. So soll dann die Frage beantwortet werden können, ob bestimmte Verpflichtungen jeweils in ihre Einzelbestandteile zerlegt bilanziert werden müssen, oder ob der Ansatz nur einer einzigen Rückstellung die tatsächliche Verpflichtung zutreffender widerspiegelt.

2. Gang der Untersuchung

Um das dargestellte Untersuchungsziel durch die folgende Arbeit gewinnen zu können, werden zunächst die grundlegenden Voraussetzungen der Rückstellungsbilanzierung dargestellt, um damit eine Basis für die nachfolgende Untersuchung zu schaffen. Anschließend wird die Bilanzierung ungewisser Verbindlichkeiten unter besonderer Berücksichtigung des Einzelbewertungsgrundsatzes betrachtet, um so die bilanzrechtlichen Möglichkeiten und Grenzen der Atomisierung einer Rückstellung herleiten zu können. Dafür wird der Einzelbewertungsgrundsatz im System der GoB betrachtet und sein Einfluss auf die Rückstellungsbewertung untersucht. Um weitere Abgrenzungskriterien für die Bilanzierung ungewisser Verbindlichkeiten bestimmen zu können, werden Bewertungseinheiten als Anhaltspunkt unter formal-juristischen und wirtschaftlichen Gesichtspunkten daraufhin geprüft, ob sie zur Rückstellungsbilanzierung auf der Passivseite der Bilanz geeignet sind. Das IV. Kapitel wird diese Erkenntnisse dann auf die Passivierung von Rekultivierungs- und Restrukturierungsverpflichtungen anwenden und abschließend beurteilen.

II. Grundlagen der Bilanzierung ungewisser Verbindlichkeiten

1. Bilanzierung dem Grunde nach

1.1 Handelsrechtliche Bilanzierung
1.1.1 Zweck der handelsrechtlichen Rechnungslegung

Die Jahresabschlusszwecke stellen die Grundlage zur Auslegung der geltenden Rechnungslegungsvorschriften dar und bestimmen sich vor allem aus dem Dritten Buch des HGB.[6] Neben der Dokumentations- und Beweisfunktion, welche durch § 238 Abs. 1 HGB ausgedrückt wird, bestimmen § 242 Abs. 1 und § 264 Abs. 2 HGB die Informations- und Rechenschaftsfunktion des Jahresabschlusses.

Die wohl weiterhin bedeutendste Funktion der Handelsbilanz stellt jedoch die Gewinnermittlung zur Ausschüttungsbemessung unter dem Aspekt der Kapitalerhaltung dar.[7] Dies soll wiederum die Entzugsrechte der Anteilseigner beschränken und eine übermäßige Ausschüttung im Hinblick auf den Gläubigerschutz vermeiden.[8] Unter diesem Aspekt wird später auch die mögliche Abgrenzung von Rückstellungen und die daraus resultierende Höhe der Abzinsung betrachtet werden. Allerdings wurde durch das Bilanzrechtsmodernisierungsgesetz (BilMoG) auch das Informationsniveau des handelsrechtlichen Jahresabschlusses durch die Beseitigung bestimmter Ansatz- und Bewertungswahlrechte deutlich angehoben.[9]

1.1.2 Statischer versus dynamischer Rückstellungsbegriff

Bei der statischen Bilanztheorie wird die Bilanz als eine Stichtagsrechnung interpretiert, welche das Vermögen nach den Verhältnissen am Bilanzstichtag ermittelt.[10] Nach dieser Auffassung ist eine Rückstellung also nur dann zu bilden, wenn am Bilanzstichtag eine grundsätzliche Leistungsverpflichtung gegenüber Dritten oder eine öffentlich-rechtliche Verpflichtung besteht, die ungewisse Verbindlichkeit also dem Grunde nach entstanden oder in vorangegangenen Wirtschaftsjahren verursacht worden ist.[11] Die Vertreter der dynamischen Bilanztheorie sehen dem entgegen eine wichtige Aufgabe der Bilanz in der periodengerechten Erfolgsermittlung. Durch die exakte periodische Zuordnung positiver und

---
[6] Vgl. *Baetge/Kirsch/Thiele*, Bilanzen, 2007, S. 93; *Coenenberg*, Jahresabschluss, 2005, S. 9 ff.
[7] Vgl. *Reuter*, Steuerentlastungsgesetz, 2007, S. 18 ff.
[8] Vgl. *Pellens/Fülbier/Gassen/Sellhorn*, Rechnungslegung, 2008, S. 12.
[9] Vgl. *Petersen/Zwirner*, BilMoG, 2009, S. 163 f.
[10] Vgl. *Eder*, Aufwandsrückstellungen, 1988, S. 4 ff.
[11] Vgl. *Hahn*, Bewertung, BB 1986, S. 1325 f.; *Husemann/Hofer*, Abschaffung, DB 2008, S. 2661 f.

negativer Erfolgsbeiträge soll eine Vergleichbarkeit der Periodenergebnisse hergestellt werden. Demnach stellen auch Rückstellungen eine dynamische Bilanznorm dar, welche „als am Bilanzstichtag *konkretisierte* Vermögensnachteile (Wirtschaftslasten) interpretiert werden".[12] So ist für die Rückstellungsbildung allein die Aufwandsverursachung, nicht aber die bestehende Leistungsverpflichtung gegenüber Dritten entscheidend.[13] Durch das BilMoG und die Aufhebung des Passivierungswahlrechts für Aufwandsrückstellungen wurde einerseits die Informationsfunktion des handelsrechtlichen Jahresabschlusses gestärkt, andererseits aber auch eine Rückkehr zur statischen Rückstellungsdefinition bewirkt.[14]

1.1.3 Der Rückstellungskatalog des § 249 HGB

Der Rückstellungskatalog des § 249 HGB geht ursprünglich auf Art. 20 der 4. EG-Richtlinie zurück, wonach hier eine explizite Passivierungspflicht für ungewisse Verbindlichkeiten formuliert wurde. Diese in § 249 Abs. 1 Satz 1 erste Alternative HGB kodifizierten Verbindlichkeitsrückstellungen sind für am Bilanzstichtag bestehende Außenverpflichtungen zu bilden, die dem Bestehen und/oder der Höhe nach ungewiss sind.[15] Weiterhin sind gem. § 249 Abs. 1 Satz 1 zweite Alternative HGB Rückstellungen für drohende Verluste aus schwebenden Geschäften zu bilden. Neben dem Passivierungsgebot für Verbindlichkeits- und Drohverlustrückstellungen schreibt § 249 Abs. 1 Satz 2 HGB die Passivierung von Gewährleistungsrückstellungen ohne rechtliche Verpflichtung und von bestimmten Aufwandsrückstellungen vor. So für unterlassene Aufwendungen für Instandhaltung bei Nachholung innerhalb von drei Monaten und für Abraumbeseitigung, welche innerhalb von zwölf Monaten nachgeholt werden muss.[16] Durch das BilMoG wurden die Ansatzwahlrechte des § 249 Abs. 1 Satz 3 HGB a. F. und § 249 Abs. 2 HGB a. F. ersatzlos gestrichen, also Rückstellungen für Instandhaltung, die innerhalb von 4-12 Monaten nachgeholt wird und für bestimmte Aufwendungen i. S. v. § 249 Abs. 2 HGB a.F., wie beispielsweise Generalüberholungen, Großreparaturen oder Entsorgungsmaßnahmen ohne gesetzliche Verpflichtung.[17] Durch die Aufhebung dieser Passivierungswahlrechte wurden das Ziel einer gestärkten Informationsfunktion des handelsrechtlichen Jahres-

---

[12] *Tipke/Lang*, Steuerrecht, 2008, S. 728.
[13] Vgl. *Groh*, Wende, BB 1989, S. 1587 ff.; *Borstell*, Bilanzrecht, 1988, S. 12 ff.; grundlegend zur Unterscheidung zwischen der dynamischen und statischen Bilanztheorie *BFH* v. 19.5.1987, VIII R 327/83, BStBl. II 1987, S.848.
[14] Vgl. *Husemann/Hofer*, Abschaffung, DB 2008, S. 2665 f.
[15] Vgl. *Adler/Düring/Schmalz*, Prüfung, 1998, § 249 HGB, Rz. 42.
[16] Vgl. *Binger*, Ansatz, 2009, S. 94 ff.
[17] Vgl. *Künkele*, Aufwandsrückstellungen, 2009, S. 395 f.

abschlusses verfolgt und deutliche Ermessensspielräume bei der Bilanzierung beseitigt.[18]

1.2 Rückstellungen in der Steuerbilanz

1.2.1 Zweck der steuerrechtlichen Rechnungslegung

Da der Fiskus der alleinige Adressat der Steuerbilanz ist, erfüllt die Steuerbilanz als Bemessungsgrundlage für Steuerzahlungen vordergründig eine Zahlungsbemessungsfunktion und keine Informationsfunktion für Kapitalmarkt und Investoren.[19] Da der Steuerbilanzgewinn einen Teil des Einkommens darstellt, muss dieser die steuerliche Leistungsfähigkeit des Steuerpflichtigen zwingend erfassen und kann somit nur auf vergangenheitsorientierten Daten beruhen. Denn nur das Ergebnis zurückliegender Aktivitäten des Steuerpflichtigen kann Grundlage der Besteuerung sein.[20] Inwieweit dies die Abgrenzung von Rückstellungen und somit die Höhe der Abzinsung beeinflusst, wird Teil der späteren Untersuchung sein.

1.2.2 Maßgeblichkeit der handelsrechtlichen Rechnungslegung

Eine nach den Grundsätzen ordnungsmäßiger Buchführung erstellte Handelsbilanz dient als Grundlage für die steuerliche Gewinnermittlung. Denn gem. § 5 Abs. 1 Satz 1 EStG sind die handelsrechtlichen Grundsätze ordnungsmäßiger Buchführung auch für den Ansatz des Betriebsvermögens und somit für die Besteuerung maßgebend.[21] Damit wurde nach dem BilMoG weiterhin an der materiellen Maßgeblichkeit handelsrechtlicher GoB für die Steuerbilanz festgehalten, wohingegen die umgekehrte Maßgeblichkeit des § 5 Abs. 1 Satz 2 EStG a. F. aufgegeben wurde.[22] Allerdings ist die Maßgeblichkeit der GoB von einer Vielzahl steuergesetzlicher Vorschriften durchbrochen, so dass ein Paradigmenwechsel zu einem von steuerspezifischen Prinzipien beherrschtem Steuerbilanzrecht zu beobachten ist. Die Überlegungen gehen hin bis zu einem „eigenständige[m] und steuergesetzlich geschlossen normierte[m] Steuerbilanzrecht".[23] Auch mit Inkrafttreten des StEntlG 1999/ 2000/2002 wurde von einer Skalpierung der Maßgeblichkeit der GoB für die Steuerbilanz gesprochen.[24]

---

[18] Vgl. *Petersen/Zwirner/Künkele*, Rückstellungen, StuB 2008, S. 695.
[19] Vgl. *Jensen-Nissen*, IAS 32, 2007, S. 56.
[20] Vgl. *Herzig*, Gewinnermittlung, 2004, S. 36 f.
[21] Vgl. *Born*, Rechnungslegung, 2007, S. 419.
[22] Vgl. *Meurer*, Maßgeblichkeitsgrundsatz, FR 2009, S. 117 ff.
[23] *Tipke/Lang*, Steuerrecht, 2008, S. 716; vgl. hierzu auch *Gellrich*, Passivierung, 2008, S. 49 ff.
[24] Vgl. *Schneider*, Skalpierung, DB 1999, S. 105 ff.

So bewirkte auch das BilMoG ein weiteres Voranschreiten der Durchbrechung des Maßgeblichkeitsprinzips, bspw. durch den Wegfall des Passivierungswahlrechts für Aufwandsrückstellungen. Allerdings ist unklar, ob die Durchbrechungen des Maßgeblichkeitsgrundsatzes wirklich so gewichtig sind, oder ob die Fundamentalprinzipien der Bilanzierung nicht auch weiterhin erhalten und steuerrechtlich anwendbar bleiben, da sie nicht nur allgemein anerkannte Grundsätze des Handelsrechts darstellen, sondern auch in einer eigenständigen steuerlichen Gewinnermittlung anwendbar sein würden.[25]

1.2.3 Voraussetzungen für den Ansatz ungewisser Verbindlichkeiten

Als Voraussetzungen der Bilanzierung ungewisser Verbindlichkeiten sind zum einen die bestehende Außenverpflichtung und eine ausreichende Konkretisierung der Schuld gefordert, zum anderen die wirtschaftliche Verursachung oder rechtliche Entstehung der ungewissen Schuld am Bilanzstichtag und die Wahrscheinlichkeit deren Inanspruchnahme.[26]

Das Erfordernis einer Verpflichtung gegenüber Dritten schließt reine Innenverpflichtungen, also solche, die ein Unternehmen sich selbst auferlegt, von der Passivierung aus. Gegenstand der ungewissen Schuld können die im weiteren Verlauf der Arbeit besonders relevanten Sachleistungsverpflichtungen, aber auch Geld-, Dienst- und Werkleistungen sein.[27] Die Außenverpflichtung kann dabei sowohl zivilrechtlichen, als auch öffentlich- rechtlichen Charakter besitzen.

Um die Objektivität einer Verpflichtung gewährleisten zu können, ist eine hinreichende Konkretisierung der Verbindlichkeit und die Wahrscheinlichkeit der Inanspruchnahme zu Recht gefordert. Allerdings besteht bei öffentlich- rechtlichen Verpflichtungen die Gefahr der Überobjektivierung, so dass auch in der Literatur die erhöhten Konkretisierungserfordernissen zumeist stark kritisiert wurden.[28] So ist zur Passivierung einer öffentlich- rechtlichen Verpflichtung eine behördliche Verfügung oder gesetzliche Regelung gefordert, welche eine Verpflichtung beinhaltet, die den Steuerpflichtigen innerhalb eines bestimmten Zeitraums zu einem bestimmten Handeln zwingt und dessen Nichteinhalten mit Sanktionen belegt wird.[29] So entschied der BFH weiterhin am 19.10.1993,[30] dass bei einer Verpflichtung zur

---

[25] Vgl. *Meurer*, Maßgeblichkeitsgrundsatz, FR 2009, S. 120.
[26] Vgl. *Adler/Düring/Schmalz*, Prüfung, 1998, § 249 HGB, Rz. 42 ff.
[27] Vgl. *Bergs*, Braunkohlenbergbau, 2006, S. 96 f.
[28] Vgl. *Herzig*, Umweltschutzbilanzierung, 1994, S. 230 ff.; *Gotthardt*, Umweltschutz, 1995, S. 30 ff.
[29] Vgl. *Blenkers/Czisz/Gerl*, Umweltbereich, 1994, S. 42 f.
[30] Vgl. *BFH* v. 19.10.1993, VIII R 14/92, BStBl. II 1993, S. 891.

Beseitigung von Umweltschäden eine Rückstellungsbildung erst und nur dann zu bejahen ist, wenn der Gläubiger von seinem Anspruch gegenüber dem Schuldner wisse. Im konkreten Fall müssen also die zuständigen Fachbehörden von den die Verpflichtung begründenden Tatsachen in Kenntnis gesetzt worden sein. Erst dann, so der BFH, sei das Kriterium der Wahrscheinlichkeit der Inanspruchnahme hinreichend erfüllt. Fraglich ist, ob diese strikte Sichtweise der Passivierungsvoraussetzungen dem Gläubigerschutz und dem vollständigen Schuldenausweis gerecht werden können.[31]

Der Zeitpunkt des erstmaligen Ansatzes von Rückstellungen wird von zwei Kriterien abhängig gemacht: der rechtlichen Entstehung oder aber zumindest der wirtschaftlichen Verursachung der ungewissen Schuld am Bilanzstichtag. Wann konkret die wirtschaftliche Verursachung bejaht werden kann, ist in der Literatur heftig diskutiert worden und soll hier nur umrissen werden. Besonders hervorzuheben ist dabei neben der Wesentlichkeitsthese, als dass das Erfüllen der wesentlichen Tatbestandsmerkmale, an die die Rechtsfolge anknüpft, eine Passivierung begründet, die von vielen befürwortete sog. Alimentationsthese.[32] Diese bedient sich des Realisationsprinzips als Aktivierungs- und Passivierungsgrundsatzes und bejaht somit die wirtschaftliche Verursachung einer Verbindlichkeit, wenn die dazugehörigen Erträge bereits realisiert wurden.[33] Dieser periodengerechte Ausweis von Verbindlichkeiten orientiert sich stark an der dynamischen Bilanztheorie und soll im späteren Verlauf der Arbeit als Abgrenzungskriterium zur Rückstellungsbilanzierung noch näher untersucht werden.

1.3 Rückstellungen nach IAS/IFRS

1.3.1 Zweck der Rechnungslegung nach IAS/IFRS

Die Grundsätze der Rechnungslegung nach IAS/IFRS sind im Rahmenkonzept (Framework) und in IAS 1 geregelt und stellen das Gegenstück zu den GoB des HGB dar. Nach F. 12 ist die vordergründige Zielsetzung der IFRS- Rechnungslegung entscheidungsnützliche Informationen über die Vermögens-, Finanz- und Ertragslage eines Unternehmens zu vermitteln (fair presentation).[34] Neben der Informationsfunktion kommt dem IFRS- Abschluss kein weiterer Zweck hinzu, insbesondere dient er nicht der Zahlungsbemessung oder dem Gläubigerschutz.

---

[31] Vgl. *Herzig*, Umweltschutzbilanzierung, 1994, S. 230 ff.
[32] Vgl. stellvertretend *Moxter*, Realisationsprinzip, 1984, S. 1783 f.; *Herzig*, Wirkung, 1993, S. 209 ff.
[33] Vgl. *Kayser*, Bewertung, 2002, S. 106 ff.
[34] Vgl. *Grünberger*, IFRS, 2008, S. 42.

Der Informationsfunktion (decision usefulness) kommt demnach die größte Bedeutung zu, sie bildet die Grundlage und den Bezugspunkt für die einzelnen Standards.[35] Dabei müssen jeweils die Grundsätze der understandability (Verständlichkeit), der relevance (Entscheidungserheblichkeit), reliability (Verlässlichkeit) und comparability (Vergleichbarkeit) berücksichtigt werden. Vor allem der Grundsatz „substance over form", also eine wirtschaftliche Betrachtungsweise, spielt in der internationalen Rechnungslegung eine große Rolle. So ist bei der Frage nach der Passivierungsfähigkeit einer Verpflichtung nicht die rechtliche Form maßgeblich, sondern der wirtschaftliche Gehalt, also ob das Unternehmen tatsächlich mit einer Vermögensbelastung rechnen muss. Gerade hinsichtlich der Rückstellungsbilanzierung tritt das Vorsichtsprinzip zu Gunsten einer willkürfreien und wahrheitsgemäßen Bilanzierung in den Hintergrund.[36]

1.3.2 Ansatzkriterien nach IAS 37

Nach IAS 37 ist eine Rückstellung dann anzusetzen, wenn ein Unternehmen eine rechtliche oder faktische gegenwärtige Verpflichtung (present obligation) aufgrund eines Ereignisses in der Vergangenheit hat, der Abfluss von Ressourcen zur Erfüllung dieser Verpflichtung wahrscheinlich ist und die Höhe der Verpflichtung verlässlich geschätzt werden kann (reliable estimate). Dabei ist das Kriterium der Wahrscheinlichkeit dann erfüllt, wenn es wahrscheinlicher ist, dass es zu einem Abfluss kommt als dass es nicht dazu kommt (more likely than not to occur). Die Verpflichtung muss weiterhin gegenüber einem Dritten bzw. der Öffentlichkeit bestehen, also das Erfordernis der Außenverpflichtung erfüllen (IAS 37.20). Ebenso muss die gegenwärtige Verpflichtung sich auf einen in der Vergangenheit beruhenden Schuldgrund beziehen, so dass die Pflicht zur Erfüllung dieser Schuld vom Unternehmen nicht mehr abgewandt werden kann und der Grundsatz der Unentziehbarkeit einer ungewissen Verpflichtung erfüllt ist. Die dritte Ansatzbedingung für Rückstellungen, nämlich eine zuverlässige Quantifizierbarkeit der Verpflichtung, soll vermeiden, dass nur vage und unbestimmt geschätzte Verbindlichkeiten passiviert werden. Allerdings wird die Rückstellungsbildung nicht aufgrund fehlender exakter Werte verneint, vielmehr ist die Schätzung der Höhe einer Verpflichtung aus einer Bandbreite (range) möglicher Werte zulässig.[37]

---

[35] Vgl. *Moxter*, Abweichungen, BB 1999, S. 521.
[36] Vgl. *Daub*, Rückstellungen, 2000, S. 293 ff.
[37] Vgl. *Gellrich*, Passivierung, 2008, S. 101 ff.

2. Bilanzierung der Höhe nach

2.1 Handelsrechtliche Bilanzierung

2.1.1 Vernünftige kaufmännische Beurteilung

§ 253 Abs. 1 Satz 2 HGB besagt, dass Rückstellungen grundsätzlich „in Höhe des nach vernünftiger kaufmännischer Beurteilung notwendigen Erfüllungsbetrages anzusetzen" sind. Dabei impliziert der Begriff „Erfüllungsbetrag", dass künftige Preis- und Kostensteigerungen zu berücksichtigen sind, da für die Ermittlung des Rückstellungsbetrages die Verhältnisse zum Erfüllungszeitpunkt relevant sind.[38] Hiermit wird erneut die Zielsetzung des BilMoG, eine gleichwertige aber kostengünstigere Alternative zu den IFRS zu entwickeln,[39] dadurch verfolgt, dass die Informationsfunktion des handelsrechtlichen Jahresabschlusses gestärkt wird und das in den GoB kodifizierte Vorsichtsprinzip in den Hintergrund rückt.[40] Dabei müssen jedoch „ausreichende objektive Hinweise"[41] auf den Eintritt der künftigen Preis- und Kostensteigerung schließen lassen, wobei hier das Objektivierungserfordernis keine weitere Definition erfahren hat.[42] Weiterhin problematisch erscheint die Frage nach der Berücksichtigung voraussichtlicher Kosten- und Preisminderungen, wobei diese hinsichtlich des primären Zwecks der handelsrechtlichen Rechnungslegung, dem Gläubigerschutz, ebenfalls zu berücksichtigen sein sollten.[43]

Insgesamt ist festzustellen, dass durch die Berücksichtigung künftiger Kosten- und Preisänderungen und die dadurch geschaffenen Beurteilungsspielräume deutliche Bewertungswahlrechte bei der Rückstellungsbilanzierung geschaffen wurden.[44]

2.1.2 Abzinsung des Rückstellungsbetrags

Durch das BilMoG wurde weiterhin eine Abzinsungspflicht für alle Rückstellungen mit einer Restlaufzeit von mehr als einem Jahr gem. § 253 Abs. 2 Satz 1 HGB eingeführt. Dabei ist es irrelevant, ob es sich um eine Geld- oder Sachleistungsverpflichtung handelt und ob diese einen Zinsanteil enthält.[45]

---

[38] Vgl. Gesetzentwurf zum *Bilanzrechtsmodernisierungsgesetz*, BT-Drucks. 16/10067, S. 52.
[39] Vgl. Gesetzentwurf zum *Bilanzrechtsmodernisierungsgesetz*, BT-Drucks. 16/10067, S. 1.
[40] Vgl. *Weigl/Weber/Costa*, Bilanzierung, BB 2009, S. 1062.
[41] Vgl. Gesetzentwurf zum *Bilanzrechtsmodernisierungsgesetz*, BT-Drucks. 16/10067, S. 52.
[42] Vgl. *Herzig/Briesemeister*, Konsequenzen, DB 2009, S. 979.
[43] Vgl. *Küting/Cassel/Metz*, Recht, DB 2008, S. 2318; *Theile/Stahnke*, Regierungsentwurf, DB 2008, S. 1759.
[44] Vgl. *Herzig/Briesemeister*, Konsequenzen, DB 2009, S. 979; *Weigl/Weber/Costa*, Bilanzierung, BB 2009, S. 1064.
[45] Vgl. *Brösel/Mindermann*, § 253 HGB, 2009, S. 416.

Der Zinssatz ermittelt sich hierbei unter Berücksichtigung der individuellen Restlaufzeit der jeweiligen Rückstellung auf Basis des durchschnittlichen Marktzinssatzes der vergangenen sieben Geschäftsjahre, welcher von der Deutschen Bundesbank ermittelt und veröffentlicht wird. Durch die Festlegung eines Durchschnittszinssatzes und die Vorgabe der anzuwendenden Abzinsungssätze durch die Deutsche Bundesbank sollen zum einen kurzfristige Zufallselemente in der Zinsentwicklung eliminiert und zum anderen bilanzpolitische Gestaltungsspielräume begrenzt werden.[46]

Die durch das Abzinsungsgebot entstehenden Erträge und Aufwendungen sind gem. § 277 Abs. 5 HGB in der Gewinn- und Verlustrechnung unter den entsprechenden Posten auszuweisen.[47]

2.2 Rückstellungen in der Steuerbilanz

2.2.1 Ansatz des Erfüllungsbetrags

Maßgeblich für die Bewertung von Rückstellungen in der Steuerbilanz ist der durch das StEntlG 1999/2000/2002 eingeführte § 6 Abs. 1 Nr. 3a EStG, welcher bestimmt, dass Verpflichtungen eines Unternehmens höchstens unter Berücksichtigung der dort festgelegten Grundsätze anzusetzen sind.[48]

Im Gegensatz zur Neuregelung des § 253 Abs. 1 HGB, nach dem künftige Kosten- und Preissteigerungen explizit zu berücksichtigen sind, sind gem. § 6 Abs. 1 Nr. 3a lit. f EStG die Wertverhältnisse am Bilanzstichtag ausschlaggebend. Demnach dürfen künftige Preis- und Kostensteigerungen unter Berücksichtigung des Stichtagsprinzips steuerrechtlich nicht berücksichtigt werden, so dass hier erneut eine Abweichung des Wertansatzes zwischen Handels- und Steuerbilanz zu beobachten ist und die Neuordnung der handelsrechtlichen Rückstellungsbewertung durch das BilMoG sich hier nicht auf die steuerliche Gewinnermittlung niedergeschlagen hat.

Diese Ansicht wird so auch vom BFH und der Finanzverwaltung geteilt, welche das Abstellen auf die Wertverhältnisse am Bilanzstichtag als geboten erachten.[49] Davon ausgenommen sind allerdings solche Wertveränderungen, die erst nach dem Bilanzstichtag wirksam werden, jedoch bereits am Bilanzstichtag feststehen.[50]

---

[46] Vgl. *Prinz*, BilMoG, BBK 2008, S. 7054.
[47] Vgl. ausführlich *Weigl/Weber/Costa*, Bilanzierung, BB 2009, S. 1064 f.
[48] Vgl. *Gellrich*, Passivierung, 2008, S. 244 f.
[49] Vgl. *BFH* v. 19.02.1975, I R 28/73, BStBl. II 1975, S. 480; v. 05.02.1987, IV R 81/84, BStBl. II 1987, S. 845 und v. 03.12.1991, VIII R 88/87, BStBl. II 1993, S. 92.
[50] Vgl. *Petersen/Zwirner/Künkele*, Rückstellungen, StuB 2008, S. 696.

2.2.2 Abzinsung des Erfüllungsbetrags

Durch das Steuerentlastungsgesetz 1999/2000/2002 wurde mit § 6 Abs. 1 Nr. 3a lit. e i. V. m. Nr. 3 Satz 2 EStG auch das Abzinsungsgebot für Rückstellungen in der Steuerbilanz eingeführt, wodurch eine vielfältige Diskussion in der Literatur entfacht wurde.[51]

Danach sind Rückstellungen für Verpflichtungen generell mit einem Zinssatz von 5,5 % abzuzinsen. Dies gilt, nachdem der Gesetzgeber die ursprüngliche Begrenzung nur auf Geldleistungsverbindlichkeiten[52] aufgegeben hat, nun gleichermaßen für Geldleistungs- und Sachleistungsverpflichtungen, unabhängig von einem tatsächlich enthaltenen Zinsanteil.

Nach § 6 Abs. 1 Nr. 3 Satz 2 EStG sind jedoch drei Ausnahmen von diesem Abzinsungsgebot zu beachten. Zum einen sind Verbindlichkeiten mit einer Restlaufzeit von weniger als 12 Monaten von der Abzinsung ausgenommen, wodurch u. a. dem geringen Abweichen des Zeitwerts einer Verpflichtung zum Bilanzstichtag und dem Erfüllungsbetrag bei einer derart kurzen Restlaufzeit Rechnung getragen werden soll.[53] Zum anderen sind solche Verbindlichkeiten vom Abzinsungsgebot ausgenommen, die verzinslich sind oder auf einer Anzahlung oder Vorausleistung beruhen. Letzteres soll die Besteuerung eines nicht realisierten Gewinns vermeiden, da dieser bei Passivierung der (Rückgewähr-)Verpflichtung mit dem abgezinsten Wert und gleichzeitiger Aktivierung der Anzahlung oder Vorausleistung mit den Anschaffungskosten entstehen würde.[54] Das aber gerade die Problematik der Besteuerung nicht realisierter Gewinne bei einem generellen Abzinsungsgebot auch für Sachleistungsverpflichtungen besteht, wurde vom Gesetzgeber außer Acht gelassen.[55]

So sollten Verbindlichkeiten und Rückstellungen nach herrschender Meinung in der Literatur nur abgezinst werden, „wenn der Nennbetrag neben dem eigentlichen Erfüllungsbetrag noch einen offenen oder verdeckten Zinsanteil enthält".[56]

Erkennt man die periodengerechte Gewinnermittlung als Indikator der wirtschaftlichen Leistungsfähigkeit und die daraus resultierende Gleichmäßigkeit der

---

[51] Vgl. dazu *Küting/Kessler*, Rückstellungsrecht, DStR 1998, S. 1937 ff.; *Kemper/Beyschlag*, Personengesellschaft, DStR 1999, S. 737 ff.; *Happe*, Verbindlichkeiten, StuB 2005, S. 618 ff.; *Niemann*, Bildung, 2000, S. 53 ff.
[52] Vgl. Gesetzentwurf eines *Steuerentlastungsgesetzes 1999/2000/2002*, BT- Drucks. 14/23, S. 6.
[53] Vgl. *Gellrich*, Passivierung, 2008, S. 276 f.
[54] Vgl. Dritten Bericht des Finanzausschusses zum Entwurf eines *Steuerentlastungsgesetzes 1999/2000/2002*, BT-Drucks. 14/443, S. 23.
[55] Vgl. *Koths*, Fragen, StbJb 1999/2000, S. 259 ff.
[56] *Koths*, Abzinsung, StbJb 2000/2001, S. 268.

Besteuerung als die Funktion der Steuerbilanz an, verlangt dies den willkürfreien Ansatz objektiv feststellbarer Positionen.[57]

Enthält der Erfüllungsbetrag einer Rückstellung aber keinen Zinsanteil, so verstößt das Abzinsungsgebot gegen das Leistungsfähigkeitsprinzip und ist mit den oberen Grundsätzen ordnungsmäßiger Buchführung nicht vereinbar.[58] Als unverzinslich sind dabei solche Verbindlichkeiten zu verstehen, die kein Kapitalnutzungsentgelt enthalten.[59] So wird mit dem Ansatz des abgezinsten Rückstellungsbetrages gerade bei Sachleistungsverbindlichkeiten gegen das Realisations- und das Imparitätsprinzip, welche auch originär steuerbilanzrechtliche Grundsätze darstellen und im Leistungsfähigkeitsprinzip wurzeln, verstoßen. Denn dem Abzinsungsgebot liegt der Gedanke zu Grunde, dass der Gegenwartswert einer Schuld geringer als der Zukunftswert eingeschätzt wird, obwohl der Nennbetrag der Schuld unverändert bleibt.[60] Es erfolgt eben gerade nicht ein Zufluss veranlagungsfähiger Mittel mit denen Zinserträge realisiert werden könnten, so dass ein fiktiver und nicht tatsächlich erzielter Gewinn in Höhe der Abzinsungsspanne besteuert wird und somit ein eklatanter Verstoß gegen das Leistungsfähigkeitsprinzip vorliegt.[61] Ein weiteres Argument gegen das Abzinsungsgebot i. S. d. § 6 Abs. 1 Nr. 3a lit. e EStG besteht darin, dass eine Abzinsung nur dann zulässig sein kann, wenn der Ansatz des niedrigeren Teilwerts überhaupt zulässig ist, also bei Wertansätzen auf der Aktivseite der Bilanz. Auf der Passivseite der Bilanz hingegen wandelt sich das Niederstwertprinzip in ein Höchstwertprinzip, so dass die Abzinsung nicht zum Ansatz eines niedrigeren Teilwerts führen darf.[62]

Abschließend lässt sich festhalten, dass die handels- und steuerrechtliche Abzinsung zu jeweils unterschiedlichen Zinssätzen eine Abweichung von Handels- und Steuerbilanz bewirkt, da der Marktzinssatz meist deutlich von 5,5 % abweichen wird.[63] Weiterhin folgt die Abzinsungspflicht bei einem gleichzeitigen Verzicht auf die Berücksichtigung künftiger Preis- und Kostensteigerungen keinerlei Logik und macht auch die fiskalpolitische Motivation des Steuerentlastungsgesetzes 1999/2000/2002 deutlich.[64]

---

[57] Vgl. *Weber-Grellet*, Gewinnermittlungsvorschriften, DB 2000, S. 166 f.
[58] Vgl. *Koths*, Abzinsung, StbJb 2000/2001, S. 271 f.; *Schulze-Osterloh*, Reform, BB 2003, S. 354 f.
[59] Vgl. *Weber-Grellet*, Zins, 1993, S. 162.
[60] Vgl. *Reuter*, Steuerentlastungsgesetz, 2007, S. 227.
[61] Vgl. *Beiser*, Leistungsfähigkeitsprinzip, DB 2001, S. 296 ff.
[62] Vgl. *Hahn*, Rückstellungen, 1990, S. 76 f.; *Moxter*, Höchstwertprinzip, BB 1989, S. 945.
[63] Vgl. *Groh,* Abzinsungsgebot, DB 2007, S. 2276.
[64] Vgl. *Herzig*, Regierungsentwurf, DB 2008, S. 1344; *Hoffmann*, Konzernverbund, GmbHR 2005, S. 974 f.

2.2.3 Möglichkeit einer Ansammlung

Nach § 6 Abs. 1 Nr. 3a lit. d Satz 1 EStG sind Rückstellungen für Verpflichtungen, für deren Entstehen im wirtschaftlichen Sinne der laufende Betrieb ursächlich ist, zeitanteilig in gleichen Raten anzusammeln. Dabei sind jedoch zwei unterschiedliche Kategorien solcher Ansammlungsrückstellungen voneinander zu unterscheiden, so zum einen die sog. „echten" Ansammlungsrückstellungen und zum anderen die Verteilungsrückstellungen.[65] Bei den „echten" Ansammlungsrückstellungen nimmt der Umfang der ihnen zugrunde liegenden Verbindlichkeit im Zeitablauf sukzessive zu. Tatsächlich wirtschaftlich entstanden und rückstellungspflichtig ist demnach nur der Teil der insgesamt zu erbringenden Leistung, der sich bis zum Bilanzstichtag aus Sicht des Schuldners als unabwendbar darstellt.[66] Ein typisches Beispiel für solche „echten" Ansammlungsrückstellungen sind die im weiteren Verlauf der Arbeit noch näher untersuchten Rekultivierungsrückstellungen[67] und die Jubiläumsrückstellungen.[68] Bei den sog. Verteilungsrückstellungen entsteht die rechtliche Verpflichtung hingegen vollumfänglich bereits vor dem Bilanzstichtag, der Rückstellungsbetrag wird jedoch nach Maßgabe der wirtschaftlichen Verursachung über den Zeitraum der Nutzenabgabe verteilt.[69] Ein Beispiel hierfür ist der ratierliche Aufbau von Rückstellungen für Entsorgungs- und Abbruchverpflichtungen.[70]

2.3 Rückstellungen nach IAS/IFRS

2.3.1 Selbständige Bewertbarkeit

Gemäß IAS 37.36 ist die Rückstellung mit der bestmöglichen Schätzung derjenigen Ausgaben zu bewerten, die zur Ablösung der bestehenden Verpflichtung am Bilanzstichtag erforderlich sind (best estimate required to settle the present obligation). Dabei entspricht der *best estimate* dem Betrag, der bei vernünftiger Betrachtung aufzubringen wäre, um die Verpflichtung am Bilanzstichtag entweder selbst zu erfüllen oder auf einen unabhängigen Dritten zu übertragen (IAS 37.37). Dabei soll sich das Management gem. IAS 37.38 bei der Einschätzung der finanziellen Konsequenzen aus der Erfüllung oder Übertragung der Verpflichtung auf Erfahrungen aus ähnlichen Sachverhalten in der Vergangenheit stützen oder in bestimmten Fällen auf unabhän-

---

[65] Vgl. *Günkel/Fenzl*, Verlustverrechnung, DStR 1999, S. 655.
[66] Vgl. *Küting/Kessler*, Rückstellungsrecht, DStR 1998, S. 1941.
[67] Vgl. *BFH* v. 19.05.1983, R 205/79, BStBl. II 1983, S. 670 ff.; *BFH* v. 19.02.1975, I R 28/73, BStBl. II 1975, S. 480 ff.
[68] Vgl. *BFH* v. 05.02.1987, VI R 81/84, BStBl. II 1987, S. 845ff.
[69] Vgl. *Koths*, Fragen, StbJb 1999/2000, S. 257 f.
[70] Vgl. *Günkel/Fenzl*, Verlustverrechnung, DStR 1999, S. 655.

gige Sachverständigengutachten zurückgreifen. Künftige Ereignisse (future events) sind, wenn sie den Erfüllungsbetrag einer Verpflichtung beeinflussen können, gem. IAS 37.48 bei der Berechnung der Rückstellungshöhe zu berücksichtigen. Voraussetzung ist allerdings, dass deren Eintritt hinreichend sicher und intersubjektiv nachprüfbar ist. Dabei bezieht sich der Standard vor allem auf künftige Ereignisse, die auf technischen, wirtschaftlichen oder rechtlichen Entwicklungen beruhen.[71]

2.3.2 Abzinsung des Rückstellungsbetrags

Bei einer wesentlichen Wirkung des Zinseffektes sind nach IAS 37.45 (langfristige) Rückstellungen in Höhe des Barwerts der erwarteten Ausgaben zu bilanzieren. Damit wird zum Ausdruck gebracht, dass Rückstellungen für kurz nach dem Bilanzstichtag erfolgende Mittelabflüsse belastender sind, als diejenigen, die erst zu einem späteren Zeitpunkt fällig werden (IAS 37.46). Dabei ist es irrelevant, ob in der Rückstellung ein Zinsanteil enthalten ist und ob es sich um Geldleistungs- oder Sachleistungsverpflichtungen handelt.[72] Als maßgebliche Einflussfaktoren zur Beurteilung der Wesentlichkeit des Zinseffektes werden die Fristigkeit, die absolute Höhe der Schuld und der Zinssatz der Verpflichtung gesehen.[73] Wann eine Rückstellung abzuzinsen ist, lässt sich nicht pauschal anhand der Laufzeit beurteilen. Einerseits kann man die Meinung vertreten, dass hinsichtlich des Wesentlichkeitskriteriums eine Abzinsung nur dann vorgenommen werden sollte, wenn der Erfüllungszeitpunkt mindestens 12 Monate nach dem Bilanzstichtag zu erwarten ist, andererseits kann der Zinseffekt bei hohen Rückstellungsbeträgen und hohen Diskontierungszinsfüßen auch bei kurzfristigen Rückstellungen wesentlich sein und umgekehrt kann sich der Zinseffekt auch bei Verpflichtungen mit einer Restlaufzeit von über 12 Monaten als unwesentlich darstellen.[74] IAS 37.47 sieht dabei die Abzinsung mit einem Rechnungszinssatz vor, welcher die gegenwärtige Marktentwicklung, die spezifischen Risiken und die Fristigkeit der Schuld widerspiegeln muss.[75] Im Vergleich zur nationalen Rückstellungsregelung dient die IAS- Rückstellungsbilanzierung primär der Konkretisierung von Informationspflichten und ist nicht daran orientiert, Gewinnansprüche zu konkretisieren.[76]

---

[71] Vgl. *Klaholz*, Wiederherstellungsverpflichtungen, 2005, S. 101 f.
[72] Vgl. *Ernsting*, Ausdehnung, StuB 1999, S. 460.
[73] Vgl. *Heuser/Theile*, IFRS-Handbuch, 2007, Rz. 2357.
[74] Vgl. *Schrimpf-Dörges*, Umweltschutzverpflichtungen, 2007, S. 225; *Heuser/Theile*, IFRS-Handbuch, 2007, Rz. 2357.
[75] Vgl. *Herzig*, Gewinnermittlung, 2004, S. 272 f.
[76] Vgl. *Moxter*, Abweichungen, BB 1999, S. 525.

III. Bilanzierung ungewisser Verbindlichkeiten im Lichte des Einzelbewertungsgrundsatzes

1. Handelsrechtliche Beurteilung

1.1 Grundsätze ordnungsmäßiger Buchführung

Da durch die handelsrechtlichen Vorschriften zur Rechnungslegung nicht die große Vielfalt von Einzelsachverhalten detailliert geregelt werden kann, hat der Gesetzgeber 1897 erstmals den „unbestimmten Rechtsbegriff"[77] der „Grundsätze ordnungsmäßiger Buchführung" (GoB) in das deutsche Handelsgesetzbuch eingebracht.[78] Dort wird an verschiedenen Stellen explizit Bezug auf die GoB genommen, so bspw. in den §§ 238 Abs. 1 Satz 1, 243 Abs. 1, 264 Abs. 2 Satz 1 HGB. Die „Generalnorm des deutschen Bilanzrechts"[79] ist dabei in § 243 Abs. 1 HGB kodifiziert, wonach der Jahresabschluss nach den Grundsätzen ordnungsmäßiger Buchführung aufzustellen ist. Diese bilden keineswegs ein starres und unflexibles Gebilde, sondern werden stetig an aktuellen und praxisrelevanten Sachverhalten orientiert weiterentwickelt.[80]

An den Aufgaben des handelsrechtlichen Jahresabschlusses orientiert, lassen sich die GoB in Regelungen zur Konkretisierung von Gewinnansprüchen (Grundsätze ordnungsmäßiger Bilanzierung) und in Regelungen zur Konkretisierung von Informationspflichten unterteilen.[81] Die Anwendung bestehender Normen hat sich an diesen Leitlinien zu orientieren, so dass die Auslegung der einzelnen Rechnungslegungsvorschriften immer den Grundsätzen entsprechend zu erfolgen hat. Somit besteht die grundlegende Aufgabe der GoB darin, „ein System zur Auslegung und Anwendung der Normen auf den konkreten Fall bereitzustellen und dieses kraft der Generalklausel des § 243 Abs. 1 HGB zu ergänzen".[82] Die oberen GoB, die das Bilanzrechtssystem dominieren und aus denen alle weiteren GoB stufenweise abgeleitet werden können, folgen unmittelbar dem Primärzweck der handelsrechtlichen Rechnungslegung, der vorsichtsgeprägten, verlustantizipierenden und objektivierten Ermittlung des Gewinns als Ausschüttungsmaßstab.[83] Die für diese Arbeit relevanten oberen GoB werden nun hinsichtlich der Rückstellungsbilanzierung näher erläutert.

---

[77] *Leffson*, Grundsätze, 1987, S. 21.
[78] Vgl. *Krieger*, Handelsbilanz, 1988, S. 329 f.; *Baetge/Kirsch/Thiele*, Bilanzen, 2007, S. 106 f.
[79] *Beisse*, Normqualität, BB 1999, S. 2182.
[80] Vgl. *Beisse*, Generalnorm, 1988, S. 41; *Grau*, Gewinnrealisierung, 2002, S. 12 f.
[81] Vgl. *Rüdinger*, Regelungsschärfe, 2004, S. 5.
[82] *Dauber*, Realisationsprinzip, 2003, S. 21.
[83] Vgl. *Jüttner*, GoB-System, 1993, S. 99 f.

1.2 Einzelbewertungsgrundsatz im System der GoB

§ 252 Abs. 1 Nr. 3 HGB bestimmt, dass alle Vermögensgegenstände und Schulden zum Abschlussstichtag einzeln zu bewerten sind und definiert so den Grundsatz der Einzelbewertung. Dieser umschreibt die prinzipielle Verpflichtung zur isolierten art- und mengenmäßigen Erfassung einer Bilanzierungseinheit und daraus folgend die isolierte Bestimmung der Einzelwerte für diese Bilanzierungseinheit.[84] Als vorteilhaft werden dabei insbesondere die bessere Überprüfbarkeit der Wertansätze, eine größerer Genauigkeit der Bilanzwerte und die Vermeidung unzulässiger Kompensationen von Wertminderungen und korrespondierenden Wertzunahmen benannt.[85]

Die Grenzen erfährt der Einzelbewertungsgrundsatz zum einen durch im Gesetz bestimmte Ausnahmefälle wie der in § 240 Abs. 3 und 4 HGB erlaubten Fest- und Gruppenbewertung und die Bewertungsvereinfachungsverfahren des § 256 HGB, zum anderen durch nicht im Gesetz geregelte Ausnahmefälle wie die Unwirtschaftlichkeit der Einzelbewertung, nicht dem Bild der Vermögens-, Finanz- und Ertragslage entsprechenden Bilanzwerten bei Einzelbewertung oder der Unmöglichkeit der Ermittlung von Einzelwerten.[86]

Der Grundsatz der Einzelbewertung darf dabei aber nicht isoliert von den übrigen Grundsätzen ordnungsmäßiger Buchführung für sich allein betrachtet werden. Vielmehr „bedingen diese sich gegenseitig und sind voneinander abhängig, und man würde ihr Wesen missverstehen, wollte man sie aus diesem organischen Zusammenhang reißen".[87] Die in § 252 Abs. 1 HGB kodifizierten allgemeinen Bewertungsgrundsätze sind aber grundsätzlich erst einmal gleichrangig und unabhängig voneinander anwendbar, erst wenn einzelne Grundsätze miteinander konkurrieren, ist nach den allgemeinen Auslegungsregeln zu bestimmen, welcher Grundsatz dominiert.[88]

Bei der Bilanzierung ungewisser Verbindlichkeiten und deren Abgrenzung ist die Auslegung des Einzelbewertungsgrundsatzes vor allem im Zusammenwirken mit Realisations- und Imparitätsprinzip zu untersuchen.[89] Der Einzelbewertungsgrundsatz konkretisiert dabei Realisations- und Imparitätsprinzip und stellt somit keinen originären GoB dar.[90] So ist bei der Untersuchung der Rückstellungsbilanzierung

---

[84] Vgl. *Federmann*, Handelsrecht, 2000, S. 148 ff.
[85] Vgl. *Faller*, Einzelerfassung, 1985, S. 3 ff.; *Brunner*, Einzelbewertung, 1960, S. 4 f.
[86] Vgl. *Mujkanovic*, Grundstücke, DB 2008, S. 649.
[87] *Brunner*, Einzelbewertung, 1960, S. 10.
[88] Vgl. *Adler/Düring/Schmalz*, Prüfung, 1995, § 252 HGB, Rz. 6 f.
[89] Vgl. *Dietrich*, Bewertungseinheit, 1998, S. 47; *Christiansen*, Grundsatz, DStR 2003, S. 265.
[90] Vgl. *Winkeljohann/Geißler* in Beck Bil-Komm., 2006, § 252 HGB, Rz. 22.

unerlässlich, den Grundsatz der Einzelbewertung immer vor dem Hintergrund der übergeordneten Gewinnermittlungs- und Konzeptionsgrundsätzen auszulegen.[91]

1.2.1 Einzelbewertungsgrundsatz und Realisationsprinzip

Der Einzelbewertungsgrundsatz hat seinen Ursprung im Vorsichtsprinzip und folgt damit auch unmittelbar aus dem Realisationsprinzip, einer Ausprägung des Vorsichtsprinzips gem. § 252 Abs. 1 Nr. 4 2. Halbsatz HGB,[92] denn das Realisationsprinzip lässt eine Gewinnermittlung nur auf Basis *einzelner* Umsatzakte zu.[93] Durch das mit dem Einzelbewertungsgrundsatz einhergehende Kompensationsverbot wird somit der Vereinnahmung unrealisierter Gewinne vorgebeugt.[94] Diese Hierarchie zwischen Einzelbewertung und Realisationsprinzip kann auch dadurch begründet werden, dass der Grundsatz der Einzelbewertung isoliert betrachtet solange inhaltsleer und unbestimmt ist, bis das Objekt der Einzelbewertung genau definiert werden kann. Aber eben diese auch im weiteren Verlauf der Arbeit zu beschreibende Objektabgrenzung definiert sich aus den Gewinnermittlungsgrundsätzen, so dass dies auch für den Einzelbewertungsgrundsatz Gültigkeit entfalten muss.[95] So sind für Aktiva Merkmale und Anhaltspunkte zur Abgrenzung von Bewertungseinheiten entwickelt worden, für Passiva hingegen stehen bis heute keine konkreten Abgrenzungskriterien zur Verfügung.[96] Im folgenden soll daher untersucht werden, ob bestehende Abgrenzungskriterien für Aktiva auch auf die Bilanzierung von Schulden übertragen werden können und wenn dies zutrifft, welche Voraussetzungen dabei zwingend erfüllt sein müssen.

1.2.1.1 Bedeutung und Umfang des Realisationsprinzips

Das Realisationsprinzip wurde 1884 erstmals als zwingendes Recht kodifiziert und gehört bis heute zu den wichtigsten und weitreichendsten Grundsätzen ordnungsmäßiger Buchführung. Es konkretisiert das Vorsichtsprinzip und dient somit dem traditionellen Gläubigerschutzgedanken im Handelsrecht.[97] Der Wortlaut des § 252 Abs. 1 Nr. 4 2. Halbsatz HGB „Gewinne sind nur zu berücksichtigen, wenn sie am

---

[91] Vgl. *Jüttner*, GoB-System, 1993, S. 119 f.
[92] Vgl. *Winkeljohann/Geißler* in Beck Bil-Komm., 2006, § 252 HGB, Rz. 22; *Kupsch*, Imparitätsprinzip, 1992, S. 339 ff.
[93] Vgl. *Dietrich*, Bewertungseinheit, 1998, S. 87.
[94] Vgl. *Naumann*, Banken, 1995, S. 46.
[95] Vgl. *Jüttner*, GoB-System, 1993, S. 124 ff.
[96] Vgl. *Herzig*, Ganzheitsbetrachtung, ZfB 1988, S. 215; *Schroeder*, Steuerbilanz, 1990, S. 102; *Jüttner*, GoB-System, 1993, S. 129.
[97] Vgl. *Binger*, Ansatz, 2009, S. 36.

Abschlußstichtag realisiert sind" lässt zunächst darauf schließen, dass das Realisationsprinzip nur zur Bestimmung der Gewinnrealisierung dient. So ist der Gewinn aus einem entgeltlichen Veräußerungsgeschäft erst dann verwirklicht, wenn der Vertrag wirtschaftlich erfüllt ist, also die vereinbarte Lieferung und Leistung vom Veräußerer erbracht ist und somit die Gefahr, der Nutzen und die Lasten auf den Käufer übergegangen sind.[98] Dabei ist der Grad des Risikoabbaus die entscheidende Größe hinsichtlich der Gewinnrealisierung und somit der Aktivierbarkeit einer Forderung, wobei der Risikoabbau selbst von der jeweiligen Zivilrechtsstruktur des zugrundeliegenden Geschäfts abhängig ist.[99] Denn je nach Art der Unternehmensleistung kann das Stadium des Absatzprozesses, in welchem die Leistung so bewirkt ist, dass sie als Ertrag zu behandeln ist, zu unterschiedlichen Zeitpunkten realisiert sein.[100] Neben diesem Zweck der Bestimmung von Realisierung und Periodisierung von Erträgen dient das Realisationsprinzip aber eben auch zur Bestimmung der Realisation und Periodisierung von Aufwendungen, es erfüllt im System der GoB somit eine grundlegende Abgrenzungsfunktion und ist das fundamentale Aktivierungs- und Passivierungsprinzip.[101] Dabei muss die Periodisierung der Erträge und Aufwendungen aber immer durch ein nachprüfbares Mengengerüst objektiviert werden.[102]

Allerdings ist es nicht unstrittig, ob und in welchem Umfang das Realisationsprinzip auch für die Bilanzierung ungewisser Verbindlichkeiten von Bedeutung ist, denn es wird ebenfalls die Meinung vertreten, dass das Realisationsprinzip im klassischen Sinne rein die Aktivierung der Wirtschaftsgüter regelt und nicht auch auf Aufwendungen bezogen umfassende Wirkung für die Passivseite der Bilanz entfaltet.[103] Daher soll der Frage nach der Bedeutung des Realisationsprinzips für den Bereich der Rückstellungen nun genauer nachgegangen werden.

1.2.1.2 Rückstellungsbegrenzende Wirkung des Realisationsprinzips

Die Kernfrage bei der Untersuchung der Bedeutung des Realisationsprinzips für die Passivseite der Bilanz besteht darin, welche Interpretation man diesem Grundsatz im System der GoB zugesteht.[104] Stellt man auf den Gesetzeswortlaut des § 252 Abs. 1 Nr. 4 HGB ab, so muss die Saldogröße Gewinn auch die Aufwandsseite erfassen.[105]

---

[98] Vgl. *Weber-Grellet*, Rechtsprechung, DStR 1996, S. 897.
[99] Vgl. *Moxter*, Rechnungslegung, 2003, S. 43.
[100] Vgl. *Weber-Grellet*, Rechtsprechung, DStR 1996, S. 897.
[101] Vgl. *Moxter*, Realisationsprinzip, BB 1984, S. 1780 ff.; *Herzig*, Wirkung, 1993, S. 225.
[102] Vgl. *Herzig*, Derivatebilanzierung, 1997, S. 48.
[103] Vgl. *Christiansen*, Erfordernis, BFuP 1994, S. 32 ff.; *Siegel*, Kriterium, DStR 2002, S. 1192 ff.
[104] Vgl. *Siegel*, Realisationsprinzip, 2005, S. 99.
[105] Vgl. *Herzig*, Wirkung, 1993, S. 211 ff.; anderer Meinung *Siegel*, Realisationsprinzip, 2005, S. 111.

Eine ungewisse Verbindlichkeit ist demnach dann als wirtschaftlich verursacht anzusehen, wenn Ausgaben späterer Geschäftsjahre in direktem Zusammenhang mit bereits realisierten Erträgen der aktuellen oder vergangener Geschäftsjahre stehen.[106] So muss man künftige Ausgaben, die zuvor Geschäftsjahresumsätze alimentiert haben, durch Passivierung diesen Geschäftsjahresumsätzen belasten,[107] oder mit anderen Worten ausgedrückt „darf für künftige Ausgaben eine Rückstellung nur gebildet werden, wenn diese Ausgaben Erträge der Zeit vor dem Bilanzstichtag alimentieren".[108] Am Beispiel einer Kiesgrube für welche z.B. ein Waldstück abgeholzt und Mutterboden ausgehoben werden muss, um den darunter liegenden Kies zu gewinnen, lässt sich die Diskussion zwischen den Befürwortern und Gegnern der Alimentationsthese anschaulich verdeutlichen. So vertritt die Gegenpartei die Meinung, dass vor dem Hintergrund des Gläubigerschutzes und des Realisationsprinzips als Ausfluss des Vorsichtsprinzips die geplanten künftigen Erträge nicht einfach unterstellt werden dürfen, sondern im Hinblick auch auf die Ausschüttungsbemessungsfunktion der Handelsbilanz eine Vollrückstellung zu Beginn des Kiesabbaus zu bilden ist, um eventuelle Deckungslücken zu vermeiden. Die Vertreter der Alimentationsthese hingegen befürworten eine Rückstellungsbildung in Relation zu den Erträgen, ähnlich einer im Zeitablauf steigenden Ansammlungsrückstellung.[109] Letztlich besteht hier ein Disput zwischen statischer und dynamischer Bilanzauffassung, zwischen der Dominanz von Gläubigerschutz und Vorsichtsprinzip im Verhältnis zu einem den tatsächlichen Verhältnissen entsprechenden Jahresabschluss und Informationsfunktion.[110] Dabei sollte das Vorsichtsprinzip m. E. aber eher im Lichte des true-and-fair-view interpretiert und einem „überzogenen und extensiven Vorsichtsprinzip"[111] vorgezogen werden.[112] Wenn man weiterhin davon ausgeht, dass der Gesetzgeber mit dem BilMoG und der damit einhergehenden Streichung von Aufwandsrückstellungen, welche nicht zu einer periodengerechten Gewinnermittlung führen und somit „ökonomisch völlig verfehlt"[113] sind, auch eine periodengerechtere Gewinnermittlung im Auge hatte, so ist den Vertretern der Alimentationsthese nur zuzustimmen.

---

[106] Vgl. *BGH* v. 28.01.1991, II ZR 20/90, NJW 1991, S. 1890 ff.; *Binger*, Ansatz, 2009, S. 37 f.
[107] Vgl. *Moxter*, Realisationsprinzip, BB 1984, S. 1784; *Euler*, Gewinnrealisierung, 1989, S. 61 f.
[108] *Woerner*, Verbindlichkeitsrückstellungen, 1994, S. 487.
[109] Vgl. *Siegel*, Realisationsprinzip, 2005, S. 107 ff.; *Moxter*, Bilanz, 1988, S. 455 ff.; siehe Anhang I zur Veranschaulichung der Alimentationsthese am Kiesgrubenbeispiel.
[110] Vgl. dazu *BFH* v. 27.06.2001, I R 45/97, BStBl. II 2003, S. 121 ff.
[111] *Weber-Grellet*, Konsequenzen, DB 1997, S. 2237.
[112] Vgl *Weber-Grellet*, Konsequenzen, DB 1997, S. 2237.
[113] *Siegel*, Realisationsprinzip, 2005, S. 105.

1.2.2 Einzelbewertungsgrundsatz und Imparitätsprinzip

Das Imparitätsprinzip drückt sich durch § 252 Abs. 1 Nr. 4 HGB aus und folgt ebenso wie das Realisationsprinzip aus dem Grundsatz der Vorsicht als Oberbegriff.[114] Es beruht auf der grundsätzlich imparitätischen Behandlung von Gewinnen und Verlusten, während unrealisierte Gewinne bilanziell noch nicht erfasst werden dürfen, sind „alle vorhersehbaren Risiken und Verluste, die bis zum Abschlussstichtag entstanden sind, zu berücksichtigen".[115] Die Verbindung zwischen Einzelbewertungsgrundsatz und Imparitätsprinzip wird dadurch bestimmt, dass das Imparitätsprinzip die Antizipation negativer unrealisierter Erfolgsbeiträge *einzelner* Vermögensgegenstände, Schulden und schwebender Geschäfte gebietet.[116] Dabei ist die Abgrenzung der einzelnen Bewertungseinheit ausschlaggebend für die Höhe der antizipationspflichtigen Verluste, denn je höher die Aggregation der Bewertungseinheit zu einer größeren Bewertungseinheit, desto weiter wird das Imparitätsprinzip dadurch eingeschränkt, dass Gewinne und Verluste innerhalb dieser Bewertungseinheit verrechnet werden.[117] So konkretisiert der Einzelbewertungsgrundsatz das Imparitätsprinzip, indem es die Abgrenzung des relevanten Verlustträgers bestimmt.[118] Fraglich ist demnach, was als Bewertungseinheit im Sinne des Einzelbewertungsprinzips anzusehen ist, denn auf diese Weise reguliert der Einzelbewertungsgrundsatz auch die Reichweite des Imparitätsprinzips.[119] Dies ist vor allem im Bereich der Passivierung hinsichtlich des Grades der Differenzierung und Atomisierung von Rückstellungen bisher weitgehend ungeklärt und soll daher im weiteren Verlauf der Arbeit noch eingehend betrachtet werden.

1.3 Saldierung als zulässige Abweichung vom Einzelbewertungsgrundsatz

Die Thematik der Zulässigkeit einer Saldierung und die damit einhergehende Abgrenzung des Saldierungsbereiches gehört zu den Dauerstreitthemen[120] der Rückstellungsbilanzierung und strahlt ebenso auf die Problemfelder der kompensatorischen Bewertung und der Abgrenzung von Bewertungseinheiten aus.[121]

---

[114] Vgl. *Adler/Düring/Schmalz*, Prüfung, 1995, § 252 HGB, Rz. 59 ff.
[115] Vgl. *Gellrich*, Passivierung, 2008, S. 87 f.
[116] Vgl. *Fey*, Bilanzrecht, 1987, S. 126.
[117] Vgl. *Happe*, Grundsätze, 1996, S. 77 ff.; *Kupsch*, Abgrenzung, StbJb 1994/1995, S. 132 ff.
[118] Vgl. *Jüttner*, GoB-System, 1993, S. 133 ff.
[119] Vgl. *Kupsch*, Imparitätsprinzip, 1992, S. 341.
[120] Vgl. *Weber-Grellet*, Apotheker-Fall, StbJb 1997/1998, S. 279; *Mayr*, Rückstellungen, 2004, S. 228; für eine Saldierung *Herzig/Rieck*, Saldierungsbereich, DB 1997, S. 1881 ff.; *Moxter*, Drohverlustrückstellungen, BB 1993, S. 2481 ff.; gegen eine Saldierung *Karrenbrock*, Abzinsung, WPg 1994, S. 97 ff.
[121] Vgl. *Herzig/Rieck*, Abgrenzung, Stbg 1995, S. 529.

Die Problematik zeigt sich unter anderem bei der Bilanzierung von Rückstellungen für drohenden Verluste aus schwebenden Geschäften. Grundsätzlich wird bei einem schwebenden Geschäft von der so genannten Gleichwertigkeitsvermutung ausgegangen, welche besagt, dass sich die Wertigkeit von Leistung und Gegenleistung eines Vertrages entsprechen und somit die Bilanzierung schwebender Geschäfte auch hinsichtlich der Beachtung des Realisationsprinzips unterbleibt.[122] Allerdings kann dieser Grundsatz dadurch durchbrochen werden, dass eine Rückstellung für drohende Verluste aus schwebenden Geschäften dann zu bilden ist, „wenn der Wert der eigenen Verpflichtung den Wert des eigenen Leistungsanspruchs übersteigt".[123] Somit bildet die Rückstellung das voraussichtlich negative Ergebnis aus dem schwebenden Vertrag ab, es wird demnach nur der Verpflichtungs*überschuss* passiviert. Zur Feststellung des Verpflichtungsüberschusses ist eine Saldogröße zu bilden, indem die Aufwendungen und Erträge aus dem wechselseitigen Vertrag gegenübergestellt werden.[124] Die Kontroverse entsteht bei der Frage, wie groß die zu beurteilende Bewertungseinheit zu fassen ist, also welche Vor- und Nachteile eines schwebenden Geschäfts in die Saldogröße einbezogen und gegeneinander aufgerechnet werden sollen, um so die zunächst zugrunde gelegte Vermutung der Ausgeglichenheit zu überprüfen.[125]

Die Abgrenzung des Saldierungsbereichs wurde dabei grundlegend durch den sog. „Apothekerfall"[126] diskutiert, nach dem der Standortvorteil einer Apotheke der Bildung einer Drohverlustrückstellung wegen drohender Verluste aus Mietverhältnissen entgegenstand. Das Urteil verdeutlicht, dass in den Saldierungsbereich eines schwebenden Geschäfts alle Ansprüche und Verpflichtungen einbezogen werden, die sich als Leistung und Gegenleistung gegenüberstehen und so ein „bilanzrechtliches Synallagma"[127] kennzeichnen.[128] Es ist dabei auf die wirtschaftliche Abgrenzung des Saldierungsbereichs abzustellen, so dass mehrere Geschäfte dann als wirtschaftliche Einheit zusammengefasst werden, wenn sie wirtschaftlich ein einziges Geschäft bilden.[129] Demnach sind auch Nebenleistungen und sonstigen wirtschaftlichen Vorteile, die eine Gegenleistung für die vereinbarte Sachleistung darstellen, in den Kompensationsbereich einzubeziehen.

---

[122] Vgl *Weber-Grellet*, Konsequenzen, DB 1997, S. 2236.
[123] *Herzig/Rieck*, Abgrenzung, Stbg 1995, S. 529.
[124] Vgl. *Schubert*, Ansatz, 2007, S. 56 f.
[125] Vgl. *Zöbeli*, Rückstellungen, 2003, S. 80 ff.
[126] Vgl. *BFH* v. 23.06.1997, GrS 2/93, BStBl. II 1997, S. 735 ff.
[127] *Herzig*, Ganzheitsbetrachtung, ZfB 1988, S. 215.
[128] Vgl. dazu auch *BFH* v. 03.02.1993, I R 37/91, BStBl. II 1993, S. 441 ff.
[129] Vgl. *Herzig*, Drohverlustrückstellungen, DB 1994, S. 1429.

Kritiker hingegen wollen den Saldierungsbereich enger gefasst sehen und keinesfalls alle wirtschaftlichen Folgen eines Geschäfts wie etwa den Standortvorteil des Apothekers in den Saldierungsbereich einbeziehen, um so eine Umgehung von Imparitäts- und Realisationsprinzip innerhalb der weitgefassten Bewertungseinheit zu vermeiden.[130] Es sollen solche Vorteile nicht in die Saldierung mit einbezogen werden, die außerhalb des Saldierungsbereichs auf der Aktivseite nicht auszuweisen wären.[131]

1.4 Übertragung der Erkenntnisse auf die Rückstellungspassivierung

Zweck der Bilanzierung ungewisser Verbindlichkeiten ist es, zukünftige Belastungen des Unternehmens in der Bilanz zu zeigen und durch einen vollständigen Ausweis der Schulden im Jahresabschluss die Ertragslage des Unternehmens darzustellen.[132] Durch das Abbilden eingetretener Vermögensminderungen dienen Rückstellungen ebenso der Ausschüttungsbegrenzung unter dem Gesichtspunkt der Kapitalerhaltung wie auch der Informationsfunktion der Bilanz.[133] Beschäftigt man sich mit der Frage nach einer formal zulässigen und wirtschaftlich den tatsächlichen Verhältnissen entsprechenden Abgrenzung von Rückstellungen, so ist auch hier die Interpretation des Umfangs und Geltungsbereichs des Einzelbewertungsgrundsatz, isoliert und im System der GoB betrachtet, ein wichtiger Anhaltspunkt. Was bei der Bilanzierung als ein *einzelnes* Wirtschaftsgut anzusehen ist, kann oftmals unterschiedlich beurteilt werden. Dabei bestehen die Abgrenzungsprobleme dahingehend, ob ein Gegenstand als eigenständiges Wirtschaftsgut oder als Teil eines umfassenderen Wirtschaftsgutes anzusehen ist, beispielsweise die Bestimmung des einzelnen Aggregats einer Großanlage oder die Frage nach der Einzelbewertung bei bebauten Grundstücken.[134] Bezieht man dies auf die Rückstellungsbilanzierung, so stellt sich hier ebenso die Frage, ob eine Rückstellung selbständig auszuweisen ist, oder ob sie Teil einer übergeordneten „Globalverpflichtung" ist und in dieser aufgeht. Veranschaulicht am Beispiel des Bergbaus bedeutet dies, ob die einzelnen Teilschritte einer Rekultivierung des ausgehobenen Geländes in jeweils gesonderten Rückstellungen abgebildet werden müssen, oder ob eine *einzelne* Rückstellung die Rekultivierungsverpflichtung zutreffender abbildet. Dabei soll an dieser Stelle der Untersuchung zunächst nicht auf die steuerrechtlichen Konsequenzen der Abzinsung eingegangen werden, sondern

---

[130] Vgl. *Karrenbrock*, Abzinsung, WPg 1994, S. 100 f.
[131] Vgl. *Christiansen*, Einzelbewertung, DStZ 1995, S. 395.
[132] Vgl. *Baetge/Kirsch/Thiele*, Bilanzen, 2007, S. 419 f.
[133] Vgl. *Reuter*, Steuerentlastungsgesetz, 2007, S. 22 f.
[134] Vgl. *Köhler*, Gestaltungsmöglichkeiten, StBp 2009, S. 9.

mögliche Abgrenzungskriterien vorerst aus dem System der GoB und den zuvor gewonnenen Erkenntnissen abgeleitet werden.

Dabei ist im Ergebnis festzuhalten, dass die Bedeutung des Realisations- und Imparitätsprinzips wesentlich von dem Objekt der Einzelbewertung bestimmt ist, also von der jeweils gebildeten Bewertungseinheit.[135] Um also Abgrenzungskriterien für die Passivseite der Bilanz bestimmen zu können, muss auf die jeweilige Bewertungseinheit im Sinne des Einzelbewertungsgrundsatzes abgestellt werden. Dabei wird die Auffassung vertreten, dass abgrenzbare Teileinheiten unter Beachtung wirtschaftlicher Zusammenhänge größere Bewertungseinheiten bilden können.[136] Unter diesem Aspekt könnten also die Teilschritte der Rekultivierung als abgrenzbare Teileinheiten zusammengefasst bilanziert werden, da sie wirtschaftlich betrachtet einem gemeinsamen Zweck dienen, nämlich der Rekultivierung des Geländes. Allerdings muss auch hinsichtlich anderer möglicher Verpflichtungen, wie etwa den Sozialplanverbindlichkeiten, immer das Spannungsverhältnis zwischen den unterschiedlichen Interpretationsmöglichkeiten des Einzelbewertungsgrundsatzes im Auge behalten werden. So kann der Grundsatz der Einzelbewertung „nicht formal in der Weise interpretiert werden, dass jeweils auf die kleinste zivilrechtlich isolierbare Einheit abzustellen ist".[137] Denn weder die Schaffung kleinster Bewertungselemente bei gleichzeitiger Aufgabe wirtschaftlicher und funktionaler Zusammenhänge, noch die Verbindung wirtschaftlich selbständig zu betrachtender Bewertungsobjekte zu komplexen Bewertungseinheiten unter Vernachlässigung von Realitäts- und Imparitätsprinzip dienen den Bilanzzwecken.[138] Aus diesem Grund darf der Ansatz einer Globalverpflichtung m. E. nicht dazu führen, dass Verpflichtungsbestandteile in den Rückstellungsansatz einbezogen werden, die isoliert betrachtet keinen Rückstellungsansatz zulassen. Eine mögliche Lösung besteht darin, den Wert der Objektgesamtheit, in diesem Fall den Wert der z.B. für die gesamte Rekultivierung zu bildenden Rückstellung, dreistufig zu bestimmen: Man ermittelt zunächst die vorhandenen Einzelobjekte, bestimmt den Wert dieser Einzelobjekte und addiert die so bewerteten Einzelobjekte zum Wert der Objektgesamtheit.[139] Übertragen auf die Rückstellungsbilanzierung ermittelt man so zunächst die rückstellungsfähigen Teilverpflichtungen, bestimmt deren Wert und fasst die miteinander im wirtschaftlichen Zusammenhang stehenden Teilverpflich-

---

[135] Vgl. Kapitel II., 1.2.1 und 1.2.2 zum Einzelbewertungsgrundsatz im System der GoB, S. 17 ff.
[136] Vgl. *Benne*, Einzelbewertung, DB 1991, S. 2601 ff.
[137] *Herzig*, Ganzheitsbetrachtung, ZfB 1988, S. 215.
[138] Vgl. *Benne*, Einzelbewertung, DB 1991, S. 2601.
[139] Vgl. *Moxter*, Gewinnermittlung, 1982, S. 90; *Fey*, Bilanzrecht, 1987, S. 126; *Jüttner*, GoB-System, 1993, S. 121.

tungen dann zu einer *einzelnen* Rückstellung zusammen. Somit wird verhindert, durch einen zu pauschalen Ansatz der Globalverpflichtung eine zu komplexe und nicht objektiv nachvollziehbare Bewertungseinheit zu schaffen, durch welche auch nicht passivierungsfähige Sachverhalte in der Bilanz abgebildet werden könnten. Allerdings ist noch gänzlich ungeklärt, welche Teilverpflichtungen in einem derartigen Zusammenhang zueinander stehen, das sie zu einer einzelnen Rückstellung zusammengefasst werden können. Da das Realisationsprinzip wie zuvor dargestellt sowohl der Abgrenzung auf der Aktiv-, als auch auf der Passivseite dient, lässt sich dessen rückstellungsbegrenzende Wirkung und damit die Alimentationsthese auch als Abgrenzungsinstrument heranziehen. Ein denkbares Abgrenzungskriterium wäre demnach ein einheitlicher Grund des Passivums, also das Zusammenfassen aus einem Grunde resultierender Ausgaben, nämlich der Alimentierung von bestimmten Erträgen vor dem Bilanzstichtag.[140] Auf das Beispiel der Rekultivierung bezogen bedeutet dies also das Zusammenfassen derjenigen Teilleistungen zur Wiedernutzbarmachung des Geländes zu einer Bewertungseinheit, die durch die Erzielung der Erträge aus bspw. der Braunkohlegewinnung verursacht wurden. Dafür sprechen auch die oben gewonnenen Kenntnisse zur Abgrenzung des Saldierungsbereichs bei der Rückstellungsbilanzierung, da auch hier auf die wirtschaftliche Abgrenzung des Saldierungsbereiches abzustellen ist. Es sind also die Geschäfte zu einer wirtschaftlichen Einheit zusammenzufassen, die wirtschaftlich ein *einziges* Geschäft bilden.[141] Analog dazu müssen m. E. diejenigen Teilverpflichtungen zu einer wirtschaftlichen Einheit zusammengefasst werden, die wirtschaftlich einer *einzigen* Verpflichtung dienen, nämlich im Fall des Bergbaus der Rekultivierung des Geländes.

Eine derartige Rückstellungsbilanzierung würde weiterhin dazu beitragen, dass eine zu formale Abgrenzung zugunsten einer funktionalen und somit stärker wirtschaftlich ausgerichteten Abgrenzung in den Hintergrund rückt.[142] Dies dient insoweit auch dem Gedanken des true-and-fair-view, welcher dem Vorsichtsprinzip keineswegs entgegensteht, dieses jedoch insoweit begrenzt, als dass es nicht als Instrument zur Verschleierung der wahren Vermögenslage ausgelegt werden sollte.[143] § 264 Abs. 2 Satz 1 HGB kann dabei neben der Gültigkeit für Kapitalgesellschaften eine generelle Wirkung als Maßgabe für eine Auslegung und Anwendung der GoB entfalten, so dass die isolierte Berücksichtigung einzelner GoB, zum Beispiel des Grundsatzes der

---

[140] Vgl. *Jüttner*, GoB-System, 1993, S. 129 ff.
[141] Vgl. *Herzig*, Drohverlustrückstellungen, DB 1994, S. 1429.
[142] Vgl. *Herzig*, Ganzheitsbetrachtung, ZfB 1988, S. 221 f.
[143] Vgl. *Weber-Grellet*, Apotheker-Fall, StbJb 1997/1998, S. 284 ff.

Einzelbewertung, nicht dazu führen darf, dass die Vermögens-, Finanz- und Ertragslage eines Unternehmens unzutreffend dargestellt wird.[144] Übertragen bedeutet dies, dass die Abgrenzung von Rückstellungen derart gestaltet sein sollte, dass sie dem tatsächlichen wirtschaftlichen Gehalt der Rückstellung gerecht werden, ohne dabei gegen funktional und somit wirtschaftlich interpretierte GoB zu verstoßen.

2. Steuerrechtliche Beurteilung

2.1 Maßgeblichkeit der handelsrechtlichen GoB

Der Maßgeblichkeitsgrundsatz des § 5 Abs. 1 Satz 1 EStG bestimmt, dass für den Schluss des Wirtschaftsjahres das Betriebsvermögen anzusetzen ist, „das nach den handelsrechtlichen Grundsätzen ordnungsmäßiger Buchführung auszuweisen ist, es sei denn, im Rahmen der Ausübung eines steuerlichen Wahlrechts wird oder wurde ein anderer Ansatz gewählt". Somit entfalten die GoB, insbesondere Realisations- und Imparitätsprinzip, Vollständigkeitsgebot und Stichtagsprinzip sowie der Einzelbewertungsgrundsatz ihre Wirkung auch für die steuerliche Gewinnermittlung und bilden deren Ausgangspunkt.[145] Durch diese Verknüpfung von Handels- und Steuerbilanz im Gesetz wird auch nach dem BilMoG an der materiellen Maßgeblichkeit und dem Konzept der Einheitsbilanz festgehalten. In der Realität jedoch ist eher das Ende der Einheitsbilanz und ein künftiges Auseinanderfallen von Handels- und Steuerbilanz, so auch gerade bei der Rückstellungsbilanzierung, zu beobachten.[146] Insbesondere durch die Aufgabe der formellen Maßgeblichkeit werden Handels- und Steuerbilanz deutlich entflochten.[147] Diese Neuausrichtung der Maßgeblichkeit wird dadurch bestimmt, dass der zweite Halbsatz des § 5 Abs. 1 Satz 1 HGB sich auf die von den GoB abweichende Ausübung von Wahlrechten in der Steuerbilanz erstreckt.[148] Steuerrechtliche Wahlrechte können demnach unabhängig von der Bilanzierung in der Handelsbilanz ausgeübt werden, die handelsrechtlichen GoB entfalten ihre Maßgeblichkeit für die Steuerbilanz demnach nur, insoweit keine steuerlichen Spezialvorschriften entgegenstehen.[149]

---

[144] Vgl. *Christiansen*, Grundsatz, DStR 2003, S. 265.
[145] Vgl. *Meurer*, Maßgeblichkeitsgrundsatz, FR 2009, S. 119 f.
[146] Vgl. *Herzig/Briesemeister*, Einheitsbilanz, DB 2009, S. 1 ff.; *Meyer*, Modernisierung, DStR 2009, S. 762 f.
[147] Vgl. *Zülch/Hoffmann*, Neuregelungen, DB 2009, S. 749 f.
[148] Vgl. *Herzig*, Regierungsentwurf, DB 2008, S. 1339 f.
[149] Vgl. *Künkele*, Wegfall, 2009, S. 605 f.

2.2 Rückstellungsbewertung und Einzelbewertungsprinzip
2.2.1 Einzelrückstellungen und pauschale Rückstellungsbewertung

Der Grundsatz der Einzelbewertung lässt sich steuerrechtlich aus § 6 EStG herleiten, indem dort die Vorschriften „für die Bewertung der einzelnen Wirtschaftsgüter" bestimmt sind.[150] Rückstellungen können dabei durch Einzelbewertung, aber in bestimmten rechtlich zulässigen Ausnahmefällen auch durch Pauschalbewertung ermittelt werden. Bei der Bilanzierung einer Einzelrückstellung wird der wahrscheinliche Aufwand gesondert für jede einzelne Rückstellung festgestellt und bilanziert, bei einer Pauschalrückstellung wird für eine Vielzahl von Rückstellungstatbeständen unter Berücksichtigung der jeweiligen Verhältnisse des betreffenden Betriebs ein Pauschalbetrag für die wahrscheinliche Inanspruchnahme gebildet.[151] In der Praxis dominiert oftmals eine Kombination von Einzel- und Pauschalrückstellungen. Dabei werden größere und außerordentliche Risiken durch eine Einzelrückstellung abgebildet, wohingegen eine Vielzahl von kleineren Risiken oftmals in Pauschalrückstellungen zusammengefasst werden.[152] Diese werden in der Literatur als ein „begründeter Ausnahmefall" vom Einzelbewertungsgrundsatz gem. § 252 Abs. 2 HGB gesehen, insbesondere „wenn die individuelle Ermittlung des Wertes oder der Risiken eines einzelnen Bewertungsobjektes unmöglich oder nur mit einem unvertretbaren Zeit- und Kostenaufwand möglich ist".[153] Der Pauschalbewertung kommt weiterhin eine „Ergänzungsfunktion" zur Einzelbewertung zu, denn die pauschale Rückstellungsbildung findet nur dort Anwendung, wo die Verpflichtung einer Einzelbewertung aufgrund fehlender Anhaltspunkte für eine drohende Inanspruchnahme für den Einzelfall nicht zugänglich ist. In diesen Fällen würde ohne Pauschalbewertung eine Rückstellungsbildung vollständig unterbleiben. Die Pauchalrückstellungen führen somit auch zu einer Erweiterung der Rückstellungsbildung dem Grunde nach und verhindern dadurch die Aushöhlung der Haftungssubstanz durch überhöhte Steuerzahlungen und Ausschüttungen.[154] Allerdings sind auch bezüglich der pauschalen Rückstellungsbewertung bestimmte Voraussetzungen zu erfüllen, um eine willkürfreie Bilanzierung zu gewährleisten. So darf die Kollektive rückstellungsbegründender Sachverhalte zur Rückstellungsbewertung nicht beliebig abgegrenzt werden.

---

[150] Vgl. *Köhler*, Gestaltungsmöglichkeiten, StBp 2009, S. 9.
[151] Vgl. *Köhler*, Rückzahlungsverpflichtung, StBp 2004, S. 124.
[152] Vgl. *Zöbeli*, Rückstellungen, 2003, S. 95 f.
[153] *Adler/Düring/Schmaltz*, Prüfung, 1995, § 252 HGB, Rz. 57 ff.; vgl. auch *Winkeljohann/Geißler* in Beck Bil-Komm., 2006, § 252 HGB, Rz. 26.
[154] Vgl. *Perlet/Baumgärtel*, Pauschalbewertung, 1997, S. 396.

Vielmehr ist dabei auf Gleichartigkeit, gleiche Größenordnung, Unabhängigkeit und ausreichende Häufigkeit der zusammengefassten Sachverhalte zu achten.[155] Im Hinblick auf das Ziel dieser Arbeit, nämlich die Bestimmung genereller Abgrenzungskriterien für ungewisse Verbindlichkeiten, lässt sich das Kriterium der Gleichartigkeit in Bezug auf die Zulässigkeit einer pauschalierten Rückstellungsbewertung als möglicher Anhaltspunkt heranziehen. Nach § 6 Abs. 1 Nr. 3a lit. a EStG ist bei gleichartigen Verpflichtungen auf der Grundlage der Erfahrungen aus der Vergangenheit aus der Abwicklung solcher Verpflichtungen die Wahrscheinlichkeit zu berücksichtigen, dass der Steuerpflichtige nur zu einem Teil der Summe dieser Verpflichtungen in Anspruch genommen wird. Liegen also aus der Vergangenheit intersubjektiv nachvollziehbare Daten vor, mit deren Hilfe die Höhe der Verpflichtung näherungsweise bestimmt werden kann, so stellen diese Größen eine geeignete Basis für die Schätzung der Belastung dar.[156] Damit stellt der Gesetzgeber auf solche Fälle ab, in denen Risiken schwerlich einzeln zu bewerten sind und bezieht sich auf einander so ähnliche Sachverhalte, dass der Verzicht auf das handels- und steuerrechtliche Gebot der Einzelbewertung vertretbar und zulässig erscheint.[157] Dabei ist das Kriterium der Gleichartigkeit bisher „nicht schlüssig und erschöpfend"[158] interpretiert worden. Ein Orientierungspunkt könnte dabei der Verwendungsbereich darstellen. So müssen gleichartige Rückstellungen durch etwa gleiche Ursachen bedingt sein und etwa die gleiche Zweckbestimmung haben.[159] Dabei bedeutet Gleichartigkeit aber keineswegs „völlige Gleichheit, sondern Unterordenbarkeit unter einen sachlich bedeutsamen Oberbegriff".[160] Typische Beispiele für eine pauschalierte Rückstellungsbewertung aufgrund gleichartiger Risiken sind u.a. die Gewährleistungsverpflichtungen, versicherungstechnische Rückstellungen und die Pensionsrückstellungen.[161] Bei dem Ansatz einer Pauschalrückstellung führt die Zusammenfassung mehrer Einzelrisiken zu einem statistisch bewertbaren Kollektiv mit steigender Anzahl der Einbeziehung auch zu einem Risikoausgleich.[162] Diese Vielzahl an Einzelrisiken muss m. E. aber nicht auch für eine zusammengefasste Globalverpflichtung gegeben sein, da z. B. bei der Rekultivierung keine Unsicherheit und kein Risiko bezüglich des Umfangs der Inanspruchnahme herrscht.

---

[155] Vgl. *Eifler*, Grundsätze, 1976, S. 76 ff.
[156] Vgl. *Scheffler*, Bemessungsgrundlage, StuB 2000, S. 541 f.
[157] Vgl. *Niemann*, Bildung, 2000, S. 16 f.
[158] *Niemann*, Bildung, 2000, S. 17.
[159] Vgl. *Eifler*, Grundsätze, 1976, S. 77 f.
[160] *Wittmann*, Unternehmung, 1959, S. 98.
[161] Vgl. *Zöbeli*, Rückstellungen, 2003, S. 95 f.
[162] Vgl. *Kessler*, Dauerschuldverhältnisse, 1992, S. 417 f.

2.2.1.1 Rückstellungen für Gewährleistungsverpflichtungen

Unternehmen sind aufgrund gesetzlicher Vorschriften (Gewährleistungen) oder einzelvertraglich getroffener Vereinbarungen (Garantien) dazu verpflichtet, Herstellungsfehler, die innerhalb einer bestimmten Frist auftreten, durch Reparatur oder Ersatz zu beseitigen.[163] Insbesondere bei Gewährleistungsrückstellungen ist oftmals eine Kombination aus Einzel- und Pauschalrückstellungen zu beobachten. Dabei sind die einzelvertraglich und individuell vereinbarten Garantieleistungen oder Risiken aus Großaufträgen durch eine Einzelrückstellung zu berücksichtigen, Gewährleistungsverpflichtungen für eine Vielzahl gleichartiger Produkte hingegen gehen in eine pauschale Rückstellungsbewertung basierend auf Erfahrungswerten der Vergangenheit oder der Branche ein.[164] Die Einzelrückstellungen bieten dabei naturgemäß die den tatsächlichen Gegebenheiten am nächsten kommenden Ergebnisse, bei jeder einzelnen Garantieschuld kann also den jeweils besonderen Verhältnissen Rechnung getragen werden.[165] So ist die Rückstellung immer dann zulässig, wenn eine Inanspruchnahme angedroht oder die einen Anspruch begründenden Tatsachen am Bilanzstichtag bekannt sind.[166] Sachgerechte Abgrenzungsmerkmale zwischen Einzel- und Pauschalrückstellung bilden dabei die Laufzeit, die Risikostruktur und die Höhe und Art der Zuwendung.[167] Allerdings darf dadurch die Grenze zwischen Einzelrückstellungen und Pauschalrückstellungen nicht darin gesehen werden, dass die einen objektivierbar sind und die anderen nicht. In der Praxis lassen sich Gewährleistungsrisiken in vielen Fällen aufgrund von Erfahrungswerten durchaus eingrenzend konkretisieren.[168] Dabei kann die Anwendung mathematisch-statistischer Bewertungsverfahren zu einer relativ hohen Aussagesicherheit und objektiven Nachprüfbarkeit der Schätzung führen.[169] Über die Voraussetzungen einer Pauschalrückstellung für Gewährleistungsverbindlichkeiten, deren Auslegung und die Höhe der zu bildenden Rückstellung bemessen als prozentualer Anteil des Umsatzes bestehen dennoch oft Meinungsverschiedenheiten.[170]

Betrachtet man nun die Bilanzierungspraxis für Gewährleistungsverbindlichkeiten und überträgt diese auf die Abgrenzungsproblematik der Passivseite, ist festzuhalten, dass die Verpflichtung zur Mängelhaftung in dem Zeitpunkt entsteht, an den das

---

[163] Vgl. *Hommel/Schulte*, Fast-Close-Abschlüsse, BB 2004, S. 1672 ff.
[164] Vgl. *Pilhofer*, Vergleich, 1997, S. 133 f.
[165] Vgl. *Blenkers/Czisz/Gerl*, Umweltbereich, 1994, S. 210 ff.
[166] Vgl. BFH v. 17.01.1963, IV 165/59 S, BStBl. III 1963, S. 237 ff.
[167] Vgl. *Hartung*, Jubiläumsrückstellungen, BB 1989, S. 739.
[168] Vgl. *Moxter*, Pauschalrückstellungen, DB 1998, S. 270 f.
[169] Vgl. *Buck*, Jahresabschluss, 1995, S. 190 ff.; *Hahn*, Bewertung, BB 1986, S. 1327 ff.
[170] Vgl. EuGH v. 14.09.1999, C-275/97, Slg 1999, S. I-5331 ff.

Gesetz oder der vereinbarte Vertrag die Verpflichtung zur Mängelhaftung knüpft. Dies ist regelmäßig mit Erfüllung sämtlicher Tatbestandsmerkmale, die den Verkauf bzw. die Lieferung eines Produktes an den Kunden rechtlich voll wirksam entstehen lassen.[171] Auf die Frage der Abbildung einer Globalverpflichtung oder deren Atomisierung in Einzelverpflichtungen bezogen kann demnach entscheidend sein, ob im Zeitpunkt der rechtlichen Entstehung der Verpflichtung jeweils zunächst eine Einzelverpflichtung besteht, oder ob die Verpflichtung im Zeitpunkt ihrer rechtlichen Entstehung sofort in vollem Umfang wirksam wird. So entstehen beispielsweise die einzelnen Teilverpflichtungen zur Rekultivierung einer Kiesgrube in vollem Umfang bereits mit erstmaligem Abbau des Bodenschatzes. So ist die gesamte Verpflichtung m. E. auch als solche in einer einzigen Rückstellung abzubilden. Diese wird jedoch unter Beachtung des Realisationsprinzips als umfassendes Abgrenzungskriterium auch für die Passivseite jeweils korrespondierend zu den bis zum Bilanzstichtag realisierten Erträgen bilanziert.[172]

2.2.1.2 Kollektivrechtliche Rückstellungen

Der für eine Rückstellung maßgebliche Verpflichtungsgrund muss nicht zwingend auf einer Individualvereinbarung beruhen. Vielmehr sind insbesondere im Arbeitsrecht und den im späteren Teil der Untersuchung betrachteten Restrukturierungs- und Sozialplanverbindlichkeiten auch Kollektivvereinbarungen als Verpflichtungsgrund maßgebend. Diese entfalten somit Ihre Wirkung auf das Kollektiv der Arbeitnehmerschaft.[173] Als individualrechtliche Rechtsgrundlage kommen nur die Einzelzusage im Vertrag und individualrechtliche Versorgungszusagen mit kollektiven Bezug in Betracht.[174] Dies ist deshalb von Bedeutung, da bei der Frage nach Abgrenzungsmöglichkeiten von Verpflichtungen entscheidend sein kann, gegenüber wem diese Verpflichtung besteht und wann sie als erfüllt betrachtet werden kann. Dabei muss bei bürgerlich – rechtlichen Verpflichtungen die Person des Gläubigers nicht notwendig bekannt sein.[175] So muss z. B. der Anspruch aus einem Tarifvertrag nicht zwingend bei jedem einzelnen Arbeitnehmer bestehen, es kann sich auch um einen Anspruch des Kollektivs der Arbeitnehmerschaft handeln.[176]

---

[171] Vgl. *Binger*, Ansatz, 2009, S.185 f.
[172] Vgl. *Kessler/Ranker*, Gewährleistungsverpflichtungen, StuB 2001, S. 327.
[173] Vgl. *Welker*, Altersvermögensgesetz, 2005, S. 17 f.
[174] Vgl. *Bittner*, Betriebsrentenrecht, 2000, S. 258 ff.
[175] Vgl. *Hoyos/Ring* in Beck Bil-Komm., 2006, § 249 HGB, Rz. 30.
[176] Vgl. *Herzig/Bohn*, Rückstellungspflichten, BB 2006, S. 1552 f.

2.2.2 Berücksichtigung von Rückgriffsansprüchen

Bei der Bemessung von Rückstellungen wegen ungewisser Verbindlichkeiten kann zu berücksichtigen sein, dass die künftigen erwarteten Aufwendungen teilweise oder vollständig durch künftige Erträge gedeckt sind.[177] Dies ist bspw. der Fall, wenn zwar eine Verpflichtung zum Schadenersatz besteht, jedoch eine Versicherung zur Übernahme des Schadens verpflichtet ist oder ein gesicherter Rückgriffsanspruch gegenüber einem Dritten besteht. Dabei besteht die Problematik insbesondere darin, unter welchen Voraussetzungen die künftigen Erträge gewinnmindernd zu berücksichtigen sind. Erforderlich ist hierbei eine enge Zweckverbundenheit zwischen der Verpflichtung und den kompensierenden Erträgen und eine ausreichend sichere Wahrscheinlichkeit dieser Erträge.[178] Der BFH hat dazu in seinem Urteil vom 17.02.1993[179] entschieden, dass auch wirtschaftlich noch nicht entstandene Rückgriffsansprüche zur Kompensation heranzuziehen sind, wenn sie in einem unmittelbaren Zusammenhang mit der Inanspruchnahme stehen und dieser zumindest teilweise spiegelbildlich entsprechen, sie in rechtlich verbindlicher Weise der Entstehung der Verbindlichkeit nachfolgen und sie vom Rückgriffsschuldner nicht bestritten werden und dieser von zweifelsfreier Bonität ist. Dabei können Versicherungsansprüche auf zwei Arten in der Bilanz berücksichtigt werden. Zum einen durch den Ansatz einer Rückstellung nur in Höhe des nicht durch eine Versicherung abgesicherten Teils der Verpflichtung (Nettomethode), zum anderen durch die Passivierung der Rückstellung in voller Höhe bei gleichzeitiger Aktivierung des Rückgriffanspruchs als Gegenposten (Bruttomethode).[180] Kritiker der Nettomethode sehen in dieser einen fundamentalen Verstoß gegen das Saldierungsverbot, da bei einem Nettoausweis der Schuld Forderungen und Verbindlichkeiten verrechnet werden, bei denen Gläubiger und Schuldner der bilanzierenden Gesellschaft verschiedene Personen sind und somit Aktiva und Passiva willkürlich vermengt werden.[181] Betrachtet man nun die Möglichkeit der Kompensation mit Rückgriffsansprüchen im Zusammenhang mit der Frage nach einer zusammenfassenden Rückstellungsbilanzierung, so kann man hier wiederum den Grundsatz der Aufwands-Ertrags-Verknüpfung bejahen, welcher nur hinreichend objektivierbar sein muss.[182]

---

[177] Vgl. *BFH* v. 17.02.1993, X R 60/89, BStBl. II 1993, S. 437 ff.
[178] Vgl. *Euler/Engel-Ciric*, Rückstellungskriterien, WPg-Sonderheft 2004, S. 144 ff.
[179] Vgl. *BFH* v. 17.02.1993, X R 60/89, BStBl. II 1993, S. 437 ff.
[180] Vgl. *Herzig/Hötzel*, Produkthaftung, BB 1991, S. 103 f.
[181] Vgl. *Fürst/Angerer*, Rechtsprechung, WPg 1993, S. 426 f.
[182] Vgl. *Fatouros*, Kehrtwende, DB 2005, S. 120 f.

2.3 Bestimmung von Bewertungseinheiten als Anhaltspunkt für die Rückstellungsbilanzierung

Der Begriff der „Bewertungseinheit" ist in der bilanzrechtlichen Literatur mit zwei völlig unterschiedlichen Begriffsinhalten belegt und kann jeweils in diesen verschiedenen Zusammenhängen betrachtet und interpretiert werden.[183] Dabei hängt der Begriff der Bewertungseinheit eng mit dem Grundsatz der Einzelbewertung zusammen, denn erst dieser bestimmt, was als Einheit zusammengefasst einer Einzelbewertung zugänglich ist.[184] Dabei wird der Begriff der Bewertungseinheit häufig für das Abbilden von Sicherungszusammenhängen i. S. d. § 254 HGB oder die Saldierung von funktional verbundenen Forderungen und Schulden verwendet.[185] Im Folgenden soll der Begriff hingegen derart interpretiert werden, als dass eine Bewertungseinheit funktional zusammenhängende Vermögensgegenstände und Schulden, deren Wert zwar getrennt voneinander ermittelbar wäre, wegen ihrer Zusammengehörigkeit aber als eine einzelne Einheit abbildet.[186] Für die Aktivseite der Bilanz sind zahlreiche Kriterien für eine systematische Abgrenzung eines einzelnen Vermögensgegenstandes entwickelt worden, so etwa über die Verkehrsanschauung[187] bzw. den einheitlichen Nutzungs- und Funktionszusammenhang, die Nutzungsdauer oder die körperliche bzw. technische Verbundenheit.[188] Im Gegensatz dazu wurde der Bestimmung einer einheitlichen Schuld bisher keine große Bedeutung zugestanden, da dies „in der Regel keine Schwierigkeiten bereitet".[189] Dieser Meinung kann m. E. nicht bedingungslos gefolgt werden. Gerade bei Verpflichtungen deren Erfüllung erst mit der Erbringung mehrerer Teilleistungen abgeschlossen ist, kann die Frage nach der Abbildung und Abgrenzung dieser Schuld Probleme bereiten. Daraus resultierend sind auch die Folgen einer Bewertungseinheit nicht unerheblich. Auf der Aktivseite der Bilanz folgt aus der Bewertungseinheit, dass ihre Teile keinen eigenständigen Abschreibungsregeln folgen, sondern dass die Bewertungseinheit als Ganzes einer einheitlichen Abschreibung unterworfen wird.[190] Auch die Abgrenzung von Herstellungs- und Erhaltungsaufwand ist wesentlich von

---

[183] Vgl. *Patek*, Sicherungszusammenhänge, FR 2006, S. 714 f.
[184] Vgl. dazu Kapitel III., 1.2 zur Bedeutung des Einzelbewertungsgrundsatzes, S. 16 ff.
[185] Vgl. *Wiedmann*, Bewertungseinheit, 1994, S. 455 ff.; *Hahne*, Entwicklungen, DStR 2005, S. 843 ff.; *Petersen/Zwirner/Froschhammer*, Bewertungseinheiten, StuB 2009, S. 449 f.; *Schmidt*, BilMoG, BB 2009, S. 882 ff.
[186] Vgl. *Glanegger*, Wirtschaftsgut, 1993, S. 146 f.
[187] Vgl. BFH v. 28.09.1990, III R 178/86, BStBl. II 1991, S. 187 ff.
[188] Vgl. *Olbrich*, Abgrenzung, 1996, S. 757 ff., *Dietrich*, Bewertungseinheit, 1998, S. 3 f.
[189] *Wiedmann*, Bewertungseinheit, 1994, S. 455.
[190] Vgl. *Glanegger*, Wirtschaftsgut, 1993, S. 147.

der Bestimmung der Bewertungseinheit geprägt.[191] Denn bilden zwei oder mehr Wirtschaftgüter (oder eben auch Schulden) eine Bewertungseinheit, so hat dies zur Folge, dass die handels- und steuerrechtlichen Bewertungsvorschriften sich somit auf die Summe der Einzelwerte der beteiligten Elemente beziehen.[192] Somit resultieren aus der Abgrenzung einer Verpflichtung ebenso unterschiedliche Belastungswirkungen. Spiegelbildlich zu den Unterschieden im Abschreibungsverlauf auf der Aktivseite bestimmt sich die Höhe der Abzinsung einer Rückstellung ebenfalls aus der zugrunde liegenden Bewertungseinheit. Denn für die Abzinsung von Rückstellungen für Sachleistungsverpflichtungen ist gem. § 6 Abs. 1 Nr. 3a lit. e Satz 2 EStG der Zeitraum bis zur Erfüllung maßgebend. Werden also die Teilverpflichtungen zu einer Bewertungseinheit zusammengefasst bilanziert, wird diese einer einheitlichen Abzinsung unterworfen. Werden hingegen die einzelnen Verpflichtungen getrennt voneinander bilanziert, so ist für jede einzelne der Zeitraum bis zum Beginn der Erfüllung und somit die Höhe der Abzinsung gesondert zu ermitteln. Die daraus resultierenden Belastungswirkungen und Probleme werden im späteren Verlauf der Arbeit noch am Beispiel der Rekultivierungsverpflichtungen dargestellt. Entscheidend ist m. E. nur, dass die Bestimmung einer Bewertungseinheit durchaus auch für die Passivseite der Bilanz von großer Relevanz sein kann. Daher ist es ebenso notwendig, auch für die Bilanzposten der Passivseite Faktoren zu bestimmen, nach denen sich eine wirtschaftliche Einheit bestimmen lässt. Maßgebend sind dabei die wirtschaftliche Zusammengehörigkeit, die wirtschaftliche Abhängigkeit voneinander, die gleiche Zweckbestimmung und eine einheitliche Zwecksetzung.[193] So ist eine wirtschaftliche Einheit definiert als „eine Sache, ein Recht, eine Verbindlichkeit oder eine Mehrheit dieser Gebilde, die einem wirtschaftlichen Zweckgedanken unterstellt sind und die, sofern es sich um eine Mehrheit von Einzelteilen (Sachen, Rechten, Verbindlichkeiten) handelt, im wirtschaftlicher Zusammengehörigkeit und Abhängigkeit zueinander stehen".[194]

Nimmt man diese Definition einer wirtschaftlichen Einheit als Grundlage einer möglichen Abgrenzung für Passiva, so bilden m. E. jene Verpflichtungen eine Einheit, die einem gemeinsamen und untrennbaren Zweck dienen und bei der jede einzelne Verpflichtung für sich betrachtet nicht befähigt ist diesen übergeordneten Zweck zu erfüllen.

---

[191] Vgl. *Olbrich*, Abgrenzung, 1996, S. 762 f.
[192] Vgl. *Schick*, Optionsgeschäfte, 1998, S. 36 f.
[193] Vgl. *Schnettler*, Bewertungseinheit, 1927, S. 3 ff.
[194] *Schnettler*, Bewertungseinheit, 1927, S. 4.

2.3.1 Formal-juristische Betrachtungsweise

Die formal-juristische Betrachtungsweise dient dem Objektivierungsprinzip und verleit den wirtschaftlichen Bilanzinhalten Rechtssicherheit, indem diese an formalrechtlichen Grundsätzen orientiert zu bilanzieren sind.[195] Diese Objektivierung hat zum Ziel, dass der Bilanzausweis nicht dem unbeschränkten Ermessen des Bilanzierenden offen steht. Eine radikale Objektivierung des Bilanzinhalts würde dann aber nur solche Bilanzansätze zulassen, bei denen keinerlei intersubjektiver Beurteilungsspielraum besteht.[196] Dennoch kann eine zivilrechtlich geprägte Auslegung eines Sachverhaltes auch mit einer möglichen betriebswirtschaftlichen Betrachtungsweise verbunden werden.[197] Gem. § 241 Abs. 1 BGB stellt jede Leistungsverpflichtung des Schuldners eine Schuld bzw. eine Verbindlichkeit dar, wobei durch § 266 BGB bestimmt ist, dass der Schuldner zu einer Erbringung von Teilleistungen nicht berechtigt ist. Besteht so die für die Rückstellung ursächliche Verpflichtung aufgrund eines schuldrechtlichen Vertrages, so kann und muss sich die Abgrenzung einer ungewissen Verbindlichkeit auch an dem Gläubigerkreis orientieren.[198] Denn streng juristisch betrachtet, handelt es sich bei jeder einzelnen zivil-rechtlichen oder öffentlich-rechtlichen Verpflichtung des Bilanzierenden jeweils um ein abgegrenztes Bewertungsobjekt im Sinne der rechtlich definierten Schuld.[199] Besteht demnach die zu passivierende Verpflichtung aufgrund des Anspruchs nur einer Verpflichtungsgrundlage, also eines Anspruchsberechtigten, so ist die Schuld auch als Ganzes abzubilden. Beruht die Leistungspflicht hingegen auf der Anspruchsgrundlage mehrerer Gläubiger und können diese den jeweiligen Teil der Verpflichtung gesondert einklagen, so muss die Verbindlichkeit auch entsprechend abgegrenzt dargestellt werden. Diese Betrachtung muss ihre Grenze jedoch im Wesentlichkeitskriterium finden, so dass die aufgrund mathematisch-statistischer Methoden zu ermittelnden Pauschalrückstellungen auch bei der Vielzahl unterschiedlicher Gläubiger als Einheit dargestellt werden müssen.

Ein weiteres mögliches Abgrenzungskriterium ist die in § 266 BGB benannte Teilleistung, zu deren Erbringung der Schuldner im zivilrechtlichen Sinne nicht berechtigt ist.[200] Eine Teilleistung wird dabei verstanden als „ gegenüber der geschuldeten Leistung mengenmäßig zurückbleibende, aber doch durch weitere

---

[195] Vgl. *Beisse*, Bilanzrechtssystem, 1994, S. 16.
[196] Vgl. *Moxter*, Rechnungslegung, 2003, S. 16 f.
[197] Vgl. *Böcking*, Betrachtungsweise, 1997, S. 86 f.
[198] Vgl. *Jüttner*, GoB-System, 1993, S. 130 ff.
[199] Vgl. *Naumann*, Bewertung, 1989, S. 217 ff.
[200] Vgl. *Bischof*, Anlagengeschäft, 1997, S. 61 ff.

Leistungen noch zu ihr ergänzbare Teilerfüllung.[201] So sollte auch bilanziell die Schuld derart als Einheit abgegrenzt werden, als dass sie mit Erfüllung dieser Bewertungseinheit „Rückstellung" die zugrunde liegende Verpflichtung vollständig erfüllt. Auf das Beispiel der Rekultivierung eines Bergbaugeländes bezogen bedeutet dies, das eine getrennt betrachtete Rückstellung z. B. nur für die Wiederauffüllung des ausgehobenen Erdlochs eine Art Teilleistung zu der geschuldeten Leistung der Rekultivierung darstellt. Daran anlehnend könnte eine Abgrenzung auch über die Einteilung der Leistungspflicht in Haupt- und Nebenleistungspflichten bestehen. Dabei ergänzen die Nebenleistungspflichten die Hauptleistungspflicht und dienen somit der vollständigen Erfüllung dieser, haben dabei jedoch keine selbständige Bedeutung.[202] So sollten sie im Bilanzansatz der Hauptleistungspflicht aufgehen und nicht als eigenständige Verpflichtung gesondert bilanziert werden.

Jedoch allein das Kriterium der rechtlich definierten Schuld ist für die Abgrenzung der Bewertungseinheit für Rückstellungen nicht ausreichend. Und auch die Abgrenzung der Bewertungseinheit „Rückstellungen" anhand der im Handelsrecht kodifizierten expliziten Vorschriften ist unvollständig.[203] Aus diesem Grund kann der formal-juristischen Betrachtungsweise nur eine Art Indizwirkung zukommen.[204] Denn eine zu strikte formalrechtliche Auslegung von Bilanzinhalten führt angesichts der umsatzgebundenen und verlustantizipierenden Gewinnermittlung im deutschen Bilanzrecht dazu, dass die bei der Bilanzierung notwendig abzubildenden wirtschaftlichen Zusammenhänge verloren gehen.[205] Daher sollte sich die Bilanzierung von Vermögensgegenständen und Schulden auch nicht rein an formal-rechtlichen Maßstäben, sondern mindestens ebenso an der im Folgenden betrachteten wirtschaftlichen Betrachtungsweise orientieren.[206]

2.3.2 Wirtschaftliche Betrachtungsweise

Eine rein formalrechtliche Begriffsausgestaltung wird wie bereits betrachtet dem wirtschaftlichen Gehalt des Bilanzinhalts nicht gerecht. Daher ist das Prinzip der wirtschaftlichen Betrachtungsweise auch in der internationalen Rechnungslegung als „substance over form"- Grundsatz ein maßgebendes Bilanzierungsprinzip.[207]

---

[201] Vgl. *Steinlehner-Stelzner*, Teilleistung, 1984, S. 6.
[202] Vgl. *Rupp*, Gesetzestatbestand, 1991, S. 67 f.
[203] Vgl. *Naumann*, Bewertung, 1989, S. 218 f.
[204] Vgl. *Rupp*, Gesetzestatbestand, 1991, S. 70.
[205] Vgl. *Schick*, Optionsgeschäfte, 1998, S. 36.
[206] Vgl. *Weber-Grellet*, Apotheker-Fall, StbJb 1997/1998, 280 ff.
[207] Vgl. *Böcking*, Betrachtungsweise, 1997, S. 86.

Auch die Aktivierung von Vermögensgegenständen ist am wirtschaftlichen Normzweck der Bilanz orientiert, nämlich an der wirtschaftlichen Zugehörigkeit und nicht am rechtlichen Eigentum.[208] Dies kann auch daraus abgeleitet werden, dass der Gesellschaftszweck meist wirtschaftlicher Natur ist und dies daher nur durch wirtschaftliche Maßstäbe sinnvoll abgebildet werden kann.[209] Dasselbe muss damit auch zwingend für die Passivierung und insbesondere für die Bestimmung von Bewertungseinheiten für Schulden gelten. Denn trotz der unumgänglichen Objektivierung dient die Rückstellungsbilanzierung nicht der Ermittlung eines formaljuristischen und damit funktionslosen Vermögens. Rückstellungen sollen vielmehr die wirtschaftliche Belastung des Vermögens erfassen, um so die Gefährdung der Gläubigeransprüche durch eine der wirtschaftlichen Situation des Unternehmens angemessene Ausschüttung auszuschließen.[210] Dabei muss jedoch immer das Gleichgewicht zwischen der Abbildung wirtschaftlich nützlicher Informationen und der dem Gläubigerschutz dienenden Objektivierung gefunden werden, so dass die Bilanz „dem Kaufmann wirtschaftlich sinnvolle Informationen über den vorsichtig ermittelten, entziehbaren Gewinn"[211] vermittelt. Im Mittelpunkt der Betrachtung sollten dabei aber immer die wirtschaftlichen Verhältnisse und somit die eher funktionale und wirtschaftlich ausgerichtete Abgrenzung im Gegensatz zu der rein formalen Betrachtungsweise stehen.[212] Dieses Zurückdrängen von rein formalrechtlich orientierten Bilanzinhalten erklärt sich schon allein aus dem Sinn und Zweck der Bilanz im Rechtssinne, denn sie soll wirtschaftlich sinnvolle und gleichzeitig gläubigerschützende Entscheidungen vermitteln.[213] Dabei besagt die wirtschaftliche Betrachtungsweise, dass Rechtsnormen und Gesetzestatbestände nach ihrem wirtschaftlichen Sinn und auf die wirtschaftliche Wirklichkeit übertragen auszulegen sind.[214] Da auch bei der kompensatorischen Bewertung von Passivposten grundsätzlich dieselben Voraussetzungen für die Abgrenzung des Saldierungsbereichs wie bei den Vermögensgegenständen anzuwenden sind,[215] wird im folgenden Teil der Arbeit untersucht, ob und inwieweit die für die Aktivseite der Bilanz vielfach entwickelten Möglichkeiten der Abgrenzung einer Wirtschaftseinheit auch für die Passivseite der Bilanz übernommen werden können.

---

[208] Vgl. *Oldenburger*, Pensionsgeschäfte, 2000, S. 19 ff.
[209] Vgl. *Moxter*, Rechnungslegung, 2003, S. 20.
[210] Vgl. *Euler/Engel-Ciric*, Rückstellungskriterien, WPg-Sonderheft 2004, S. 144.
[211] *Böcking*, Betrachtungsweise, 1997, S. 87.
[212] Vgl. *Herzig*, Ganzheitsbetrachtung, ZfB 1988, S. 221 f.
[213] Vgl. *Böcking*, Verbindlichkeitsbilanzierung, 1994, S. 26 f.
[214] Vgl. *Eibelshäuser*, Bedeutung, DStR 2002, S. 1428 f.
[215] Vgl. *Kupsch*, Abgrenzung, StbJb 1994/1995, S. 146.

2.3.2.1 Grundsatz des einheitlichen Nutzungs- und Funktionszusammenhangs

Bei der Frage danach, was als einzelner Vermögensgegenstand anzusehen ist und so unter den Grundsatz der Einzelbewertung fällt, hat die Rechtsprechung genaue Kriterien erarbeitet, nach welchen eine Bewertungseinheit abzugrenzen ist. Dabei stellt der einheitliche Nutzungs- und Funktionszusammenhang, durch den die Selbständigkeit eines Vermögensgegenstandes definiert wird, das Grundprinzip der Abgrenzung von Bewertungseinheiten auf der Aktivseite der Bilanz dar.[216] Denn „der wirtschaftlich denkende Kfm wird die Einzelposten nach ihrem Nutzen im betrieblichen Funktionszusammenhang nach wirtschaftlicher Betrachtungsweise beurteilen".[217] Praktische Relevanz zeigt der Nutzungs- und Funktionszusammenhang bspw. bei der Bilanzierung von komplexen Fertigungsanlagen, bei welchen die einzelnen Bestandteile der Großanlage derart als einheitliches Wirtschaftsgut zusammengefasst zu aktivieren sind, als dass sie in diesem Gebilde einer betrieblichen Funktion und einem Nutzen unterstellt sind. So ist eine komplexe Druckmaschine z. B. als ein Wirtschaftsgut abzubilden, das Transportsystem zwischen den verschiedenen Fertigungsanlagen hingegen als selbständige Bewertungseinheit.[218] Das gleiche Wirtschaftsgut kann dabei jeweils abhängig von seiner Funktion sowohl selbständig, als auch Bestandteil einer größeren Bewertungseinheit sein. Das Transportsystem kann demnach separat eingesetzt ein selbständiges Wirtschaftsgut darstellen, fest integriert in einer Großanlage hingegen ist es Teil dieser Bewertungseinheit.[219] Verwendet man das Kriterium des einheitlichen Nutzungs- und Funktionszusammenhangs jedoch als einziges und allein gültiges Abgrenzungskriterium für Wirtschaftsgüter, so könnte man die Bildung sehr großer Einheiten rechtfertigen, da nahezu die ganze Produktion eines Unternehmens abstrakt betrachtet nur einen Nutzungs- und Funktionszusammenhang bildet.[220] Daher ist es hier wichtig, weitere Anhaltspunkte zur Bildung einer Bewertungseinheit zu berücksichtigen, wie etwa eine feste bauliche Verbindung, deren Dauer und das äußere Erscheinungsbild der zu beurteilenden Anlage.[221]

Seinen Ursprung hat der Nutzungs- und Funktionszusammenhang in der Bilanzierung bebauter Grundstücke und der damit verbundenen Abgrenzung von Gebäuden

---

[216] Vgl. *Schiersmann*, Bewertungseinheiten, DStR 1997, S. 714.
[217] *Winkeljohann/Geißler* in Beck Bil-Komm., 2006, § 252 HGB, Rz. 23.
[218] Vgl. *Olbrich*, Abgrenzung, 1996, S.773 f.
[219] Vgl. *Winkeljohann/Geißler* in Beck Bil-Komm., 2006, § 252 HGB, Rz. 23.
[220] Vgl. *Mujkanovic*, Grundstücke, DB 2008, S. 649 f.; *Funnemann*, Erhaltungsaufwendungen, 2002, S. 149 f.
[221] Vgl. *Ranker*, Immobilienbewertung, 2006, S. 113 ff.

und Gebäudebestandteilen.²²² Unselbständige Gebäudebestandteile, die der Nutzung des Gebäudes selbst dienen wie bspw. Heizanlagen oder Fahrstuhlanlagen sind mit der Bewertungseinheit „Gebäude" zu aktivieren und demnach auch einheitlich abzuschreiben.²²³ Vom Gebäude separat zu bilanzieren sind dagegen betrieblich genutzte Vorrichtungen und Gebäudeteile wie u. a. fundamentierte Maschinen und maschinelle Anlagen, Lastenaufzüge zum innerbetrieblichen Transport oder produktionstechnisch notwendige Klimaanlagen.²²⁴ Allgemein betrachtet kann man also die Funktionseinheit als unterste Grenze einer Bewertungseinheit im Sinne eines Wirtschaftsguts sehen.²²⁵ Über den Grundsatz des einheitlichen Nutzungs- und Funktionszusammenhanges und der daran ausgerichteten Anwendung des Grundsatzes der Einzelbewertung wird somit das Gleichgewicht gehalten zwischen der Atomisierung des Vermögens bis in die kleinste Einheit und der übermäßigen Aggregation von Vermögensgegenständen.²²⁶

Überträgt man nun die Abgrenzung und Differenzierung von Aktiva nach derer Funktions- und Nutzungsbestimmung auf eine mögliche Abgrenzung von Passiva, so ist hier nach ihrer *Zweck*bestimmung zu fragen.²²⁷ Das Realisationsprinzip entfaltet dabei seine Wirkung wie bereits festgestellt auch auf der Passivseite der Bilanz. So soll eine künftige Vermögensbelastung des Unternehmens durch die Passivierung einer Rückstellung für ungewisse Verbindlichkeiten den Umsätzen zugeordnet werden, die sie alimentiert haben.²²⁸ Die Objektabgrenzung der Bewertungseinheit „Rückstellung" kann sich also daran anlehnend aus der zukünftigen Vermögensbelastung selbst bestimmen, indem nach dem einheitlichen Grund der Ausgabe gefragt wird, also „ob sich dem Passivum isolierbare, aus einem Grunde resultierende Ausgaben zurechnen lassen".²²⁹ Dabei ist wiederum zunächst der einheitliche Verpflichtungsgrund der Rückstellung zu bestimmen und danach eine Abgrenzung vorzunehmen.²³⁰ Weiterhin kann eine Abgrenzung m. E. auch dahingehend erfolgen, dass diejenigen durch die Rückstellung zu passivierenden Aufwendungen zusammengefasst werden, die Umsätze eines einheitlichen Geschäftsfeldes alimentiert haben. So können bspw. die Umsätze aus der Braunkohlengewinnung

---

²²² Vgl. *BFH* v. 26.11.1973, GrS 5/71, BStBl. II 1974, S.132.
²²³ Vgl. *Köhler*, Gestaltungsmöglichkeiten, StBp 2009, S. 10 f.
²²⁴ Vgl. *Funnemann*, Erhaltungsaufwendungen, 2002, S. 140 ff.
²²⁵ Vgl. *Heyden/Körner*, Bilanzsteuerrecht, 1981, S. 315 f.
²²⁶ Vgl. *Ranker*, Immobilienbewertung, 2006, S. 114 f.
²²⁷ Vgl. *Jüttner*, GoB-System, 1993, S. 129 ff.
²²⁸ Vgl. *Kaiser*, Rückstellungsbilanzierung, 2008, S. 86 f.
²²⁹ *Jüttner*, GoB-System, 1993, S. 131.
²³⁰ Vgl. Kapitel III., 2.3.1 Formal-juristische Betrachtungsweise, S. 33 f. zur Abgrenzung nach Gläubigerkreis und Anspruchsberechtigten.

verschiedenartige Aufwendungen und Teilverpflichtungen verursachen, welche dann aber zu einer einzigen Rückstellung zusammengefasst werden, um so als Einheit den von ihnen alimentierten Umsätzen zugeordnet werden zu können. So wird allein durch den Verkauf z. B. der Braunkohle und den daraus resultierenden Umsätzen die Verpflichtung zur Rekultivierung des Geländes mit den dazugehörigen Teilschritten verursacht. Da die einzelnen Teilverpflichtungen der Rekultivierung aber Umsätze eines einheitlichen Betätigungsfeldes des Unternehmens alimentiert haben, nämlich den Umsatz aus der Braunkohlengewinnung, sollten sie m. E. auch zu einer Bewertungseinheit zusammengefasst passiviert werden.

2.3.2.2 Gewinnrealisierung bei langfristigen Fertigungsaufträgen

Die aus dem Realisationsprinzip abgeleitete Gewinnrealisierung bestimmt sich hauptsächlich am Zeitpunkt der von dem Schuldner erbrachten Leistung. Der Vertrag muss demnach durch die Erbringung der dem Vertrag zugrunde liegenden Leistung von ihm vollständig wirtschaftlich erfüllt sein.[231] Diese Interpretation des Realisationsprinzips kann bei langfristigen Fertigungsaufträgen jedoch zu einer Verzerrung der Darstellung der Vermögens- und Ertragslage führen,[232] da dies im Zeitraum der Auftragsdurchführung in den meisten Fällen zu Verlusten führt.[233] Diese strikte Interpretation des Realisationsprinzips entspricht der Completed-Contract-Methode, bei welcher der Gewinnausweis eines langfristigen Auftrags erst mit der Gesamtabnahme der Leistung gerechtfertigt ist.[234] Übertragen auf die Rückstellungsbilanzierung muss diese also so passiviert werden, dass sie den vollen Erfüllungsbetrag für die „Wegschaffung"[235] der Schuld darstellt. Demnach ist alles das unter eine einzelne Rückstellung zu bündeln, was zur vollständigen Erfüllung der Verpflichtung notwendig ist. Allerdings ist bei der Gewinnrealisierung für langfristige Fertigungsaufträge auch eine Teilgewinnrealisierung für Teilabnahmen möglich, wobei hier die Grundvoraussetzung eine „vertragsgleiche Vereinbarung über abgrenzbare Teilleistungen des Gesamtobjekts"[236] ist. So ist auch hier wiederum auf die Vertragsgrundlage bei der Abgrenzung einer Schuld abzustellen. Beruhen einzelne Teilleistungen einer Verpflichtung auf selbständig abgrenzbaren Vertrags-

---

[231] Vgl. *Mellwig/Hastedt*, Gewinnrealisation, DB 1992, S. 1590.
[232] Vgl. *Rudolf*, Fertigung, 1996, S. 28 ff.
[233] Vgl. *Köhler*, Bilanzpolitik, StBp 2009, S. 109.
[234] Vgl. *Pilhofer*, Gewinnrealisierung, 2002, S. 191 f.
[235] Vgl. *Knobbe-Keuk*, Unternehmenssteuerrecht, 1993, S. 233; *Moxter*, Höchstwertprinzip, BB 1989, S. 945; *Jüttner*, GoB-System, 1993, S. 130.
[236] *Köhler*, Bilanzpolitik, StBp 2009, S. 109.

grundlagen und sind somit als eigenständige Verpflichtungen anzusehen, so sind sie auch nicht in einer Bewertungseinheit zusammengefasst darzustellen. Dabei ist die Verpflichtung jedoch noch daraufhin zu untersuchen, ob sie einem „Gesamtzweck" dient. So ist eine Anwendungsvoraussetzung der Teilgewinnrealisierung das Nichtvorliegen eines Gesamtfunktionsrisikos, das bedeutet, dass die Teilleistung nicht losgelöst vom Gesamtauftrag betrachtet werden darf. Denn es besteht ein Unterschied zwischen einem Gesamtauftrag über die Lieferung von fünf Flugzeugen oder einer chemischen Großanlage, bei der gerade die Gesamtfunktionsgarantie ein wesentlicher Bestandteil des Vertrages ist.[237] Übertragen auf die Bildung einer Bewertungseinheit „Rückstellung" ist somit eine Globalverpflichtung dahingehend zu untersuchen, ob sie überhaupt in einzelnen Rückstellungen darstellbar ist und wenn ja, ob diese dann auch noch den Gesamtzweck der Rückstellung erfüllen. An einem Beispiel verdeutlicht bedeutet dies folgendes: eine Globalverpflichtung „Rekultivierung" kann zwar in ihre einzelnen Verpflichtungsbestandteile zerlegt werden, die Erfüllung nur eines Verpflichtungsbestandteil führt aber zur Unmöglichkeit der Erfüllung des Gesamtzwecks „Rekultivierung". Hingegen kann auch die Globalverpflichtung „Sozialplan" in viele Einzelverpflichtungen atomisiert werden, diese sind aber nicht derart abhängig voneinander, dass die Erfüllung nur einzelner dieser Verpflichtungsbestandteile, z. B. des Rentenausgleichs, den Gesamtzweck „Sozialplan" unerfüllbar machen. Aus diesem Grund muss m. E. zunächst die zuverlässige Teilbarkeit der Verpflichtung in ihre Einzelbestandteile bejaht werden, diese jeweils auf ihre Passivierungsfähigkeit hin geprüft und abhängig vom Gesamtzweck der Verpflichtung zusammengefasst oder getrennt bilanziert werden.

2.3.2.3 Mehrkomponentenbilanzierung

Die Mehrkomponentenbilanzierung gibt Aufschluss über das Abbilden von bilanziellen Einheiten auf der Aktivseite und kann somit ein möglicher Anhaltspunkt für die Abgrenzungsproblematik auf der Passivseite sein. Der Leistungsgegenstand eines Mehrkomponentenvertrages umfasst neben der Hauptleistung oftmals ein Bündel von Nebenleistungen, z.B. umfassende Serviceleistungen verbunden mit der Lieferung eines Softwareprogramms,[238] wobei die vertraglichen Vereinbarungen in einem engen wirtschaftlichen Verhältnis zueinander stehen.[239] Dabei ist ein Mehrkomponentenvertrag aber zivilrechtlich erst dann erfüllt, wenn der Schuldner

---
[237] Vgl. *Kohl*, Aufträge, 1994, S. 138 ff.
[238] Vgl. *Pilhofer*, Gewinnrealisierung, 2002, S. 363 ff.
[239] Vgl. *Erchinger/Melcher*, Mehrkomponentengeschäfte, KoR 2009, S. 89 f.

sämtliche Teilkomponenten in der Summe erbracht hat.[240] Auch hier stellt sich wie bei der Rückstellungsbilanzierung die Frage, ob der zugrunde liegende Mehrkomponentenvertrag in der Bilanz als Gesamtheit abzubilden ist, oder ob die einzelnen Vertragskomponenten separat zu bilanzieren sind.[241] Dies ist jedoch nur dann relevant, wenn die einzelnen Teilleistungen des Mehrkomponentengeschäfts unterschiedlichen Umsatzrealisierungszeitpunkten oder –regeln unterliegen, da ansonsten die Frage nach der getrennten oder einheitlichen Umsatzrealisierung keine Bedeutung entwickelt.[242] Auch die Frage nach einer getrennten oder zusammengefassten Bilanzierung einer Rückstellung für Sachleistungsverbindlichkeiten erlangt erst dadurch ihre Wichtigkeit, dass die Höhe der meist nicht unerheblichen Abzinsung von dem jeweiligen Beginn der Erfüllung der Verbindlichkeit abhängt und somit maßgeblich von der Atomisierung oder Zusammenfassung der Verbindlichkeit bestimmt ist. Sowohl in der Rechtsprechung des BFH, als auch in den IFRS und den für Mehrkomponentenverträge einschlägigen IAS 18.13 werden jedoch keine klaren Abgrenzungsmerkmale bezüglich der einzelnen Vertragselemente eines Mehrkomponentengeschäfts benannt.[243] Nur in den US-GAAP konkretisiert EITF 00-21, ob die einem Mehrkomponentenvertrag zugrunde liegenden Teilleistungen als Einheit zu betrachten oder in separate Abrechnungseinheiten aufzuspalten sind. Dabei spielt für die Abgrenzung einer separaten Abrechnungseinheit u. a. der eigenständige und separat bestimmbare Nutzen der einzelnen Teilleistung für den Empfänger eine ausschlaggebende Rolle.[244] Übertragen auf die Rückstellungsbilanzierung ist hier wiederum auf die Zweckbestimmung der Schuld abzustellen[245] und danach zu Fragen, ob die einzelne Teilverpflichtung einem eigenständigen Zweck dient. Dabei bedeutet ein eigenständiger Zweck, dass die Teilverpflichtung nicht in einem derartigen ökonomischen Zusammenhang mit anderen Verpflichtungen korrespondiert, dass nur durch deren Zusammenwirken eine Verbindlichkeit „beseitigt" werden kann.[246] Kann dies nicht bejaht werden, so ist die Teilverpflichtung als Einheit mit den weiteren zur Erfüllung der Verbindlichkeit notwendigen Leistungen darzustellen.

---

[240] Vgl. *Sessar*, Gewinnrealisierung, 2007, S. 104 ff.
[241] Vgl. *Pilhofer*, Gewinnrealisierung, 2002, S. 364.
[242] Vgl. *Erchinger/Melcher*, Mehrkomponentengeschäfte, KoR 2009, S. 92.
[243] Vgl. *Unkelbach*, Umsatzrealisation, PiR 2009, S. 267 f.
[244] Vgl. *Erchinger/Melcher*, Mehrkomponentengeschäfte, KoR 2009, S. 93 f.
[245] Vgl. *Jüttner*, GoB-System, 1993, S. 129 ff.
[246] Vgl. dazu Kapitel III., 2.3.2.2 zur Gewinnrealisierung bei langfristigen Fertigungsaufträgen und der Bedeutung des „Gesamtzwecks" für die Abgrenzung einer Rückstellung, S. 38 f.

2.3.2.4 Bildung von Leistungsbündeln im Steuerrecht

Unter einem Leistungsbündel ist das Zusammenfassen mehrerer gleich- oder verschiedenartiger Wirtschaftsgüter zu verstehen, wobei die Art der Bündelung und das Verständnis der darunter gefassten Leistungen variieren können, es muss aber ein Paket an identifizierbaren Einzelgütern vorliegen.[247] Umsatzsteuerrechtlich ist hierbei zu untersuchen, ob das von einem Unternehmer angebotene Leistungsbündel in mehrere getrennt voneinander zu betrachtende Leistungen aufgespalten wird, oder ob es als eine einheitliche Leistung zu betrachten ist.[248] Hierbei ist erneut die Übertragbarkeit dieser Problematik auf die aus mehreren Teilverpflichtungen bestehende übergeordnete Globalverpflichtung und deren Passivierung als einheitliche Rückstellung zu untersuchen. Dabei gilt im Umsatzsteuerrecht der Grundsatz der Einheitlichkeit der Leistung, welcher besagt, dass eine wirtschaftlich einheitliche Leistung nicht künstlich in ihrer Bestandteile aufgespalten werden darf, aber auch, dass die bei einer natürlichen Betrachtung als selbständig anzusehenden Leistungsbestandteile nicht zusammengefasst werden.[249] Wenn also die einzelnen Leistung so miteinander verbunden sind, dass nur noch *eine* Hauptleistung verbleibt, ist diese zusammengefasst und als einheitliche Leistung darzustellen.[250] So ist „das Wesen des fraglichen Umsatzes zu ermitteln, um festzustellen, ob der Steuerpflichtige dem Verbraucher mehrere selbständige Leistungen oder eine einheitliche Leistung erbringt"[251], wobei eine einheitliche Leistung dann vorliegt, wenn sie in Haupt- und Nebenleistung aufgeteilt werden kann.[252] Anhaltspunkte zur Bestimmung einer einheitlichen Leistung, welche meiner Meinung nach ebenfalls als Grundlage zur Abgrenzung einer Rückstellung dienen können, ist zunächst die Frage, ob die zu erbringende Leistung auf einer einzigen Vertragsgrundlage oder aufgrund mehrerer Verträge erbracht wird und des weiteren, ob mehrere Leistungsbestandteile einem wirtschaftlichen Ziel dienen.[253] Auch die Unterteilung in Haupt- und Nebenleistung kann zweckmäßig für die Rückstellungspassivierung sein, so dass zu bestimmen ist, welche Verpflichtungen unselbständig neben der Hauptverpflichtung stehen und bei wirtschaftlicher Betrachtungsweise nur zur Erfüllung oder Ergänzung dieser „Hauptschuld" dienen.[254]

---

[247] Vgl. *Weber*, Leistungsbündel, 2005, S. 117 f.
[248] Vgl. *Lange*, Umsatzbesteuerung, UR 2009, S. 289.
[249] Vgl. *Philipp/Rüth*, Umsatzsteuer, 2008, S. 126.
[250] Vgl. *Lange*, Umsatzbesteuerung, UR 2009, S. 292 ff.
[251] *BFH* v. 17.04.2008, V R 39/05, BFH/NV 2008, S. 1712 ff.
[252] Vgl. *Tehler*, Nebenleistung, UVR 2009, S. 262.
[253] Vgl. *Lange*, Umsatzbesteuerung, UR 2009, S. 290 f.
[254] Vgl. zum Zweck einer unselbständigen Nebenleistung *Tehler*, Nebenleistung, UVR 2009, S. 262 f.

2.3.2.5 Bestimmung eines Transferpakets im Rahmen der Funktionsverlagerung

Durch die Unternehmensteuerreform 2008 wurden mit dem § 1 Abs. 3 AStG umfassende Vorschriften zur Funktionsverlagerung geschaffen. So auch die Regelung, dass das für die Funktionsverlagerung anfallende Entgelt im Wege eines hypothetischen Fremdvergleichs gem. § 1 Abs. 3 Satz 9 AStG „auf der Grundlage einer Verlagerung der Funktion als Ganzes (Transferpaket)" zu bestimmen ist.[255] Durch die Besteuerung eines Transferpakets auf Grundlage der Bewertung einer Funktion als Ganzes ist der Gesetzgeber vom Grundsatz der Einzelbewertung abgewichen, um dadurch auch unrealisierte Gewinnpotenziale abschöpfen zu können.[256] Funktionsverlagerungen sind demnach nicht mehr auf der Grundlage der einzelnen übertragenen Wirtschaftsgüter und Geschäftschancen zu bewerten, sondern aufgrund der jeweiligen Bewertungseinheit des übergehenden Transferpakets. Dieses verbindet die mit der Funktion verbundenen Chancen und Risiken, die übertragenen Wirtschaftsgüter und möglichen mit der Funktion übergehenden Vorteilen wie bspw. Synergieeffekte zu einer Einheit.[257] Dieses Abweichen vom Grundsatz der Einzelbewertung ist vom Gesetzgeber damit gerechtfertigt worden, „dass der Wert einer Funktion insgesamt den Wert der einzelnen übertragenen Wirtschaftsgüter überschreitet".[258] Dabei soll in Hinblick auf das Untersuchungsziel dieser Arbeit die Sinnhaftigkeit und Richtigkeit dieser Vorschrift nicht weiter diskutiert werden. Interessant ist jedoch, dass der Gesetzgeber durch die Vorschriften zur Funktionsverlagerung und die Besteuerung von Transferpaketen das Abweichen vom Grundsatz der Einzelbewertung dann als zulässig erachtet, wenn die geschlossene und zusammengefasste Betrachtung einzelner Komponenten ein eher den tatsächlichen Verhältnissen entsprechendes Bild der Vermögens-, Finanz- und Ertragslage vermittelt. So darf auch der Begriff der „Funktion" nicht durch eine Atomisierung des Gesamtunternehmens in beliebig kleine Einheiten interpretiert werden, sondern muss sich an der Abgrenzung wirtschaftlicher Einheiten orientieren.[259] Hierbei ist also erneut die wirtschaftliche Betrachtungsweise entscheidend für die Bestimmung der Einheit, so dass auch hier Kriterien wie die Gleichartigkeit der Wirtschaftgüter, Wesentlichkeitsaspekte oder der erzielbare Nutzen der wirtschaftlichen Einheit ausschlaggebend für die Abgrenzung der Bewertungseinheit „Funktion" sind.[260]

---

[255] Vgl. *Greinert*, Verrechnungspreise, 2007, S. 558 f.
[256] Vgl. *Wolter/Pitzal*, Funktionsverlagerung, IStR 2008, S. 793.
[257] Vgl. *Heining*, Ausland, 2009, S. 138.
[258] *Greinert*, Verrechnungspreise, 2007, S. 568.
[259] Vgl. *Wolter/Pitzal*, Funktionsverlagerung, IStR 2008, S. 796.
[260] Vgl. *Borstell/Schäperclaus*, Funktion, IStR 2008, S. 278 ff.

2.4 Zwischenergebnis

Die vorhergehenden Untersuchungen haben verdeutlicht, dass die steuerrechtliche Behandlung eines Sachverhalts immer seinem ökonomischen Gehalt entsprechen sollte.[261] Denn bei der Betrachtung des Wortlauts des § 252 Abs. 1 Nr. 3 HGB und des § 6 Abs. 1 EStG wird keinerlei Aussage darüber getroffen, nach welchen Kriterien das der Einzelbilanzierung zugrunde liegende Bewertungsobjekt abgegrenzt werden soll.[262] Entscheidend ist dabei, dass die Bilanzierung von Bewertungseinheiten und das Zusammenfassen von unterschiedlichen Vermögensgegenständen oder eben auch Verpflichtungen zu einer Einheit keine Durchbrechung des Einzelbewertungsprinzips darstellt, sondern „vielmehr aus dem richtigen, weil wirtschaftlich ausgerichteten Verständnis diese Grundsatzes"[263] folgt. Die Bedeutung des wirtschaftlichen Gehalts ist daher meiner Meinung nach auch essentiell für die Bestimmung von zusammengefassten oder einzeln darzustellenden Rückstellungen. Nur wenn der wirtschaftliche Gesamtzweck der Verbindlichkeit erfasst wurde, kann diese Verpflichtung auch in Haupt- und zu deren Erfüllung erforderliche Nebenverpflichtungen aufgeteilt werden. So sollte gerade hinsichtlich der Belastungswirkung des steuerrechtlichen Abzinsungsgebots die Bildung einer Bewertungseinheit „Rückstellung" zulässig sein, wenn diese den wirtschaftlichen Gehalt der ungewissen Verbindlichkeit zutreffender widerspiegelt als eine getrennte Bilanzierung. Denn die entscheidende Voraussetzung der Einzelbewertung von verschiedenen Sachverhalten ist deren Selbständigkeit und insbesondere Unabhängigkeit voneinander. Wenn hingegen bspw. eine Schuld nur in Abhängigkeit von der wirksamen Erfüllung weiterer Verpflichtungen vollständig beseitigt werden kann, bilden diese zweckmäßig verbundenen Verpflichtungen zusammengefasst eine Bewertungseinheit.[264] Um aber eine willkürliche Abgrenzung der Bewertungseinheit „Rückstellung" zu vermeiden und mögliche Gestaltungsspielräume zu Gunsten einer objektiven und verlässlichen Bilanzierung zu begrenzen,[265] sollten die im vorherigen Teil der Untersuchung dargestellten Anhaltspunkte zur zusammengefassten Passivierung einzelner Teilverpflichtungen auch zwingend erfüllt sein. So ist generell zunächst zu prüfen, ob die in die Bewertungseinheit eingehenden Teilverpflichtungen für sich gesehen die Passivierungsvoraussetzungen erfüllen.

---

[261] Vgl. *Siegel*, Einzelbewertungsprinzip, StuB 2005, S. 359.
[262] Vgl. *Herzig*, Gewinnermittlung, 2004, S. 73 ff.
[263] *Herzig*, Gewinnermittlung, 2004, S. 76.
[264] Vgl. *Siegel*, Einzelbewertungsprinzip, StuB 2005, S. 359 f.
[265] Vgl. *Rüdinger*, Regelungsschärfe, 2004, S. 20.

3. Beurteilung nach IAS/IFRS

3.1 Einzelbewertung und Bewertungseinheit

In den IFRS ist der Einzelbewertungsgrundsatz sinngemäß zu § 252 Abs. 1 Nr. 3 HGB nicht explizit geregelt. Allerdings kann er aus einzelnen Standards und dem Rahmenkonzept abgeleitet werden, so dass grundsätzlich von einer an der Einzelbewertung ausgerichteten Bilanzierung auszugehen ist und nur bei speziell in den Standards geregelten Ausnahmen davon abgewichen wird.[266] Dies ergibt sich sowohl aus der verwendeten Bezeichnung „item", als auch aus weiteren im Singular formulierten Begrifflichkeiten wie bspw. dem „asset".[267] Als Ausnahme vom Grundsatz der Einzelbewertung ist nach IAS 1.35 eine Saldierung dann zulässig und sachgerecht, wenn durch die vorgenommene Verrechnung der wirtschaftliche Gehalt eines Sachverhalts zutreffender abgebildet wird. Weiterhin sind mit nationalem Recht vergleichbare Vereinfachungsverfahren bei der Bewertung von Vorratsvermögen wie u. a. die Fifo- Fiktion als Durchbrechung des Einzelbewertungsgrundsatzes zulässig, um so das Verhältnis von den Kosten der Informationsbereitstellung zu dem Nutzen dieser zusätzlichen Information bei den Bilanzadressaten gegeneinander abzuwägen (balance of benefit/cost).[268] Des weiteren werden in der internationalen Rechnungslegung regelmäßig Bewertungseinheiten in Form von cash generating units (CGU) gebildet, welche gem. IAS 36.6 die kleinste identifizierbare Gruppe von Vermögenswerten darstellt, die Mittelzuflüsse erzeugt, dabei jedoch weitestgehend unabhängig von den Mittelzuflüssen anderer Vermögenswerte ist. Problematisch erscheinen hierbei in Bezug auf eine mögliche Zulässigkeit von zahlungsmittelgenerierenden Einheiten im nationalen Bilanzrecht insbesondere die mit der Abgrenzung einer CGU verbundenen Gestaltungsmöglichkeiten und Spielräume des Bilanzierenden.[269]

Rückstellungen sind auch im IFRS- Abschluss generell einzeln zu bilanzieren, wohingegen bei dem Risiko, der Fälligkeit oder der Art nach ähnlichen Verpflichtungen auch eine zusammengefasste Bilanzierung geboten sein kann.[270] Weiterhin kann nach ED IAS 37.31 der Erwartungswert als Bewertungsmaßstab auch für die Bewertung einer *Gruppe* ähnlicher Verpflichtungen ermittelt werden.[271]

---

[266] Vgl. *Heuser/Theile*, IFRS Handbuch, 2007, Rz. 410.
[267] Vgl. *Klingels*, IAS 36, 2005, S. 7 f.
[268] Vgl. *Gellrich*, Passivierung, 2008, S. 91 f.
[269] Vgl. *Zülch/Hoffmann*, Einheiten, StuB 2008, S. 45 ff.
[270] Vgl. *Wünsche*, Verbindlichkeitsrückstellungen, 2009, S. 188 ff.
[271] Vgl. *Köhlmann*, Entsorgungsverpflichtungen, 2008, S. 90.

Insoweit lassen auch die IFRS die Bilanzierung zusammengefasster Verpflichtungen zu, jedoch sind auch hier keine darüber hinaus gehenden Abgrenzungskriterien für Verbindlichkeiten entwickelt worden. Die Einzelbewertung in der internationalen Rechnungslegung wird aber sehr stark von der Forderung nach einer verlässlichen Rechnungslegung bestimmt. So liegen keineswegs verlässliche Informationen vor, wenn durch eine Bewertungseinheit ein für den Bilanzleser nicht nachvollziehbarer Wertausgleich durch eine Saldierung von getrennt voneinander zu betrachtenden Sachverhalten stattgefunden hat. Andererseits wird insbesondere durch die geforderte Relevanz und Entscheidungsnützlichkeit der durch den Jahresabschluss vermittelten Informationen dann eine weitere Interpretation der Einzelbewertung zwingend notwendig, wenn die separate Bilanzierung verschiedener Sachverhalte kein Mehr an Informationen bringt oder dieses gar verhindert.[272]

3.2 Atomisierungstendenzen und Komponentenansatz

In der internationalen Rechnungslegung lässt sich eine sehr viel stärkere Tendenz zu einer Aufspaltung von Wirtschaftsgütern in ihre jeweiligen Bestandteile erkennen als nach nationalen Vorschriften. Dabei bestimmt sich die Abgrenzung von Sachanlagevermögen nach dem in IAS 16 definierten Komponentenansatz, welcher eine Aufspaltung der einzelnen Vermögenswerte abhängig von den jeweiligen Nutzungsdauern und/oder der Art der Abnutzung ihrer wesentlichen Bestandteile vorschreibt.[273] Damit wird das asset also nicht zwangsläufig nach dem im Steuerrecht maßgeblichen einheitlichen Nutzungs- und Funktionszusammenhang beurteilt,[274] sondern zum Zwecke einer periodengerechten Aufwandszuordnung und verbesserten Wertermittlung in seine Komponenten aufgeteilt.[275] Problematisch erscheint hierbei insbesondere der bei der Abgrenzung der einzelnen Komponenten entstehende Ermessensspielraum des Bilanzierenden, welcher auch nicht durch explizit benannte Abgrenzungskriterien in den IAS gemildert wird.[276] Dies spricht auch aufgrund einem „Fehlen objektiv nachprüfbarer Grenzen, die einer Atomisierung eines Vermögenswerts bin hin zu kleinsten Bestandteilen Einhalt gebieten"[277] eindeutig gegen eine Übernahme dieser Atomisierungstendenz in das deutsche Bilanzrecht.[278]

---

[272] Vgl. *Kayser*, Bewertung, 2002, S. 181 f.
[273] Vgl. *Wengel*, IFRS, 2007, S. 48 f.; *Heuser/Theile*, IFRS Handbuch, 2007, Rz. 1113.
[274] Vgl. *Herzig*, Gewinnermittlung, 2004, S. 74; *Küting/Ranker*, Umsetzung, DB 2008, S. 758.
[275] Vgl. *Ranker*, Immobilienbewertung, 2006, S. 279.
[276] Vgl. *Heuser/Theile*, IFRS Handbuch, 2007, Rz. 1115; auch IAS 16 enthält keine Definition zur Abgrenzung einer individuellen Sachanlage, siehe dazu IAS 16.9.
[277] *Herzig*, Gewinnermittlung, 2004, S. 77.
[278] Vgl. *Herzig*, Gewinnermittlung, 2004, S. 77 f.

IV. Kritische Würdigung der Bedeutung des Einzelbewertungsgrundsatzes für ungewisse Verbindlichkeiten am Beispiel ausgewählter Verpflichtungen

1. Rückstellungen für Rekultivierungsverpflichtungen

1.1 Begriffsbestimmung und Anspruchsgrundlagen

Im nun folgenden Teil der Untersuchung zur Bilanzierung ungewisser Verbindlichkeiten im Lichte des Einzelbewertungsgrundsatzes sollen die zuvor abstrakt gewonnenen Erkenntnisse zu einer möglichen aufspaltenden bzw. zusammenfassenden Passivierung einer Verpflichtung am Beispiel der „Wiedernutzbarmachung", also der ordnungsgemäßen Gestaltung einer vom Bergbau in Anspruch genommenen Oberfläche,[279] untersucht werden. Die Verpflichtungsgrundlage zu der Wiedernutzbarmachung bzw. Rekultivierung[280] eines Geländes findet sich im Bundesberggesetz (BBergG)[281] oder den Abgrabungsgesetzen der Länder, wobei die Rechtsgrundlage der Rekultivierungsverpflichtung ebenso auf behördlichen Auflagen oder Vertrag beruhen kann.[282] Somit kann sich die Verpflichtung zur Rekultivierung sowohl aus dem öffentlichen Recht, als auch dem Privatrecht ergeben.[283] Die Rekultivierungsverpflichtung entsteht mit dem Abbau der Bodenschätze,[284] so dass mit Aufnahme des Bergbaubetriebs und dem erstmaligen schädigenden Eingriff in die Umwelt die Verpflichtung zur Wiedernutzbarmachung des Geländes unabwendbar wird und eine Rückstellung für ungewisse Verbindlichkeit zu bilden ist.[285] Charakteristisch für die Rekultivierungsverpflichtung ist dabei zum einen der lange Zeitraum zwischen dem Entstehen und der Erfüllung der Verpflichtung, zum anderen wird der die Verpflichtung begründende Tatbestand kontinuierlich und anteilig im Zeitablauf realisiert.[286]

Daher soll im Folgenden zunächst der Rückstellungsansatz dargestellt werden.

---

[279] Vgl. *Dworschak*, Oberflächenrekultivierung, 2008, S. 29 ff.; zur Definition der Wiedernutzbarmachung § 4 Abs. 4 BBergG.
[280] Im folgenden Teil der Untersuchung werden die Begrifflichkeiten der Wiedernutzbarmachung und Rekultivierung sinngemäß gleichgesetzt, hierzu jedoch anderer Meinung *Bergs*, Braunkohlenbergbau, 2006, S. 41.
[281] Vgl. *Bergs*, Braunkohlenbergbau, 2006, S. 7 ff.
[282] Vgl. *Blenkers/Czisz/Gerl*, Umweltbereich, 1994, S. 341; *Bach*, Umweltrisiken, 1996, S. 210; *Niemann*, Rekultivierungsrückstellungen, 1990, S. 1 f.
[283] Vgl. *Schrimpf-Dörges*, Umweltschutzverpflichtungen, 2007, S. 180 f.
[284] Zur zeitlichen Entstehung der Verpflichtung vgl. *BFH* v. 19.05.1983, IV R 205/79, BStBl. II 1983, S. 672.
[285] Vgl. *Gellrich*, Passivierung, 2008, S. 136 ff.
[286] Vgl. *Bach*, Umweltrisiken, 1996, S. 302; *Förschle/Scheffels*, Sicht, DB 1993, S. 1202 f.

1.2 Rückstellungsansatz

1.2.1 Rückstellung für ungewisse Verbindlichkeit

Die Passivierung der bergrechtlichen Schuld zur Wiedernutzbarmachung der Oberfläche begründet sich in der Pflicht zur Bildung einer Rückstellung für ungewisse Verbindlichkeiten gem. § 249 Abs. 1 Satz 1 erste Alt. HGB und stellt eine Sachleistungsverpflichtung dar.[287] Sie beruht eindeutig auf einer Außenverpflichtung, da die Rekultivierung „eine Pflicht ggü. der Bergbehörde bzw. sonstigen Dritten zur Realisierung eines bestimmten Zustandes der Oberfläche"[288] darstellt.[289] Diese Pflicht stellt einen notwendigen Bestandteil der Betriebspläne[290] bergbaubetreibender Unternehmen dar, so dass durch dort detailliert beschriebene Angaben zur geplanten Oberflächengestaltung und den einzelnen Stilllegungsschritten eine hinreichende Konkretisierung der Schuld am Bilanzstichtag ohne Zweifel bejaht werden kann. Weiterhin sind die für öffentlich-rechtliche Verpflichtungen geforderten Sanktionen wegen Nichterfüllen der Schuld existent, da das Zuwiderhandeln gegen die Vorschriften des oben benannten Betriebsplans als Ordnungswidrigkeit einzustufen ist.[291] Auch die Wahrscheinlichkeit der Inanspruchnahme kann durch die Aufsichtspflicht der zuständigen Behörden und der schon von der späteren Rekultivierung abhängigen Genehmigung zum Substanzabbau als sicher angenommen werden.[292] Das rechtliche Entstehen der Schuld ist mit dem erstmaligen bergbaulichen Eingriff gegeben, da das Gesetz an diesen Tatbestand die Leistungspflicht zur Wiedernutzbarmachung knüpft.[293] Das Kriterium der wirtschaftlichen Verursachung interpretiert im Sinne der Alimentationstheorie[294] spiegelt sich bei den Rekultivierungsverpflichtungen besonders deutlich durch eine vom bisherigen Abbau des Bodenschatzes abhängige Rückstellungsbilanzierung wider.[295] So muss die Rückstellung hier im Zeitablauf proportional zum Fortschritt des Abbaus sukzessive angesammelt werden, da eine Rückstellung stets nur in dem Umfang zu bilden ist, in dem das Vermögen am Bilanzstichtag auch tatsächlich wirtschaftlich belastet ist.[296]

---

[287] Vgl. *Bergs*, Braunkohlenbergbau, 2006, S. 66 f.; *Niemann*, Rekultivierungsrückstellungen, 1990, S. 3 f.; *Glaschke*, Umweltschutzmaßnahmen, StuB 2004, S. 897 ff.

[288] *Bergs*, Braunkohlenbergbau, 2006, S. 66.

[289] Vgl. *Döllerer*, Rückstellungen, DStR 1987, S. 67 zur Rückstellungspflicht für öffentlich-rechtliche Verpflichtungen; *Marx/Köhlmann*, Bilanzierung, StuB 2005, S. 656 f. zu rechtlichen Grundlagen.

[290] Vgl. § 51 Abs. 1 Satz 1 BBergG zur Betriebsplanpflicht der Unternehmen.

[291] Vgl. *Kaiser*, Rückstellungsbilanzierung, 2008, S. 58 ff.

[292] Vgl. *Schrimpf-Dörges*, Umweltschutzverpflichtungen, 2007, S. 181; *Kaiser*, Rückstellungsbilanzierung, 2008, S. 58 ff.

[293] Vgl. *Bergs*, Braunkohlenbergbau, 2006, S. 98 f.; *Christiansen*, Passivierung, DStR 2008, S. 736.

[294] Vgl. hierzu Kapitel III., 1.2.1.2 zur Bedeutung der Alimentationsthese, S. 18 ff.

[295] Vgl. *Herzig*, Umweltschutz, DB 1990, S. 1341 ff.

[296] Vgl. *Rupp*, Gesetzestatbestand, 1991, S. 100; *Marx/Köhlmann*, Analyse, StuB 2005, S. 697 f.

1.2.2 Einheitliche Rückstellung für Rekultivierungsverpflichtungen oder Atomisierung in Einzelverpflichtungen

Die Festlegung der für die Wiedernutzbarmachung notwendigen Einzelmaßnahmen ist Grundvoraussetzung zur Bestimmung der Rekultivierungsverpflichtung.[297] Denn nur durch eine derartige sachlich-inhaltliche Strukturierung des Gesamtprozesses kann der Erfüllungsbetrag für die ungewisse Sachleistungsverbindlichkeit der Rekultivierung zuverlässig bestimmt werden.[298] Dabei können Teilverpflichtungen wie u. a. die Verfüllung und Abdeckung der Tagesschächte, Maßnahmen zur Böschungsstabilisierung, die Wiederherstellung der Grundwasserverhältnisse oder bestimmte landschaftsgestaltende Maßnahmen eine ordnungsgemäße Wiedernutzbarmachung voraussetzen.[299] Diese Einzelmaßnahmen können nicht als rechtlich selbständige Verpflichtungen angesehen werden, da sie auf der einheitlichen Pflicht zur ordnungsgemäßen Gestaltung der vom Bergbau in Anspruch genommenen Oberfläche beruhen. Denn erst durch eine bestimmte Kombination dieser Teilleistungen wird sichergestellt, dass auch jede Teilverpflichtung den ihr bestimmten Zweck erzielt.[300] Aus diesem Grund kann es durchaus zweckmäßig und geboten sein, einzelne Objekte unabhängig von ihrer Bilanzierung auf der Aktiv- oder Passivseite der Bilanz nicht isoliert zu betrachten, sondern in einer größeren Bewertungseinheit zusammengefasst zu bilanzieren. Erst diese unterliegt dann als selbständiges Bewertungsobjekt dem Einzelbewertungsgrundsatz, so dass das Zusammenfassen mehrer wirtschaftlich verbundener Teilverpflichtungen zu einer Bewertungseinheit „Rückstellung" kein Verstoß gegen § 252 Abs. 1 Nr. 3 HGB darstellt.[301] Denn wenn auf der Aktivseite die Abgrenzung eines Vermögensgegenstandes unter Berücksichtigung des einheitlichen Nutzungs- und Funktionszusammenhangs gefordert ist, warum sollte sich die Abgrenzung einer Schuld auf der Passivseite dann nicht an einem einheitlichen Gesamtzweck (hier der Rekultivierung) orientieren dürfen. Eine uneinheitliche Vorgehensweise auf der Aktiv- und Passivseite wäre in diesem Fall nicht zu begründen.[302] Insbesondere unter Zugrundelegung einer wirtschaftlichen Betrachtungsweise[303] ist nach dem bilanziellen Gesamtzweck der Verpflichtung zu fragen und die für deren Erfüllung notwendigen Haupt- und Nebenleistungspflichten

---

[297] Vgl. *Bach*, Umweltrisiken, 1996, S. 308 ff.
[298] Vgl. *Bergs*, Braunkohlenbergbau, 2006, S. 43.
[299] Vgl. *Lauerwald*, Prüfung, 2001, S. 123 ff.
[300] Vgl. *Bergs*, Braunkohlenbergbau, 2006, S. 46 f.
[301] Vgl. *Schiersmann*, Bewertungseinheiten, DStR 1997, S. 714.
[302] Vgl. *Scheffler*, Bemessungsgrundlage, StuB 2000, S. 541 f.
[303] Vgl. zur Bedeutung der wirtschaftlichen Betrachtungsweise im Steuerrecht *Eibelshäuser*, Bedeutung, DStR 2002, S. 1426 ff.

zu bestimmen. Insoweit kann auch diese zivilrechtliche Unterscheidung in Verbindung mit der Frage nach dem Gesamtzweck der Außenverpflichtung Aufschluss über die mögliche Abgrenzung einer aus mehreren Einzelverpflichtungen bestehenden „Globalverpflichtung" bringen.[304] Wenn also eine ungewisse Verbindlichkeit in verschiedene Teilverpflichtungen aufspaltbar ist, so sind diese als Bewertungseinheit zu passivieren, die gemeinsam der „Wegschaffung"[305] der Schuld dienen. Da auf der Aktivseite der Bilanz der Gewinn dann als realisiert gilt, „wenn dem Leistungsverpflichteten die Forderung auf Gegenleistung dem Grunde nach sicher ist"[306], muss eine Verpflichtung derart bilanziert werden, dass dem Bilanzierenden mit der Erfüllung des Rückstellungsgrunds keine Sanktionen oder Strafen aufgrund Vertragsbruchs mehr auferlegt werden können. Demnach würde ein Unternehmen, welches nur die Verpflichtung der „Wiederauffüllung" erfüllt, dennoch wegen Nichterfüllung der in § 4 Abs. 4 BBergG definierten Wiedernutzbarmachung mit Sanktionen der jeweiligen Aufsichtsbehörden zu rechnen haben. Unabhängig von der Betrachtung der Bilanzierung von Bewertungseinheiten zum Zwecke des Risikoausgleichs, der Saldierung von Verbindlichkeiten und Forderungen bei Drohverlustrückstellungen oder der Leistungsbündelung im Umsatzsteuerrecht, allen diesen Bewertungseinheiten ist ein besonderer Bezug der Bewertungsobjekte untereinander gemeinsam.[307] Diese innere Zweckverbundenheit der einzelnen Bewertungsobjekte untereinander, hier im Sinne der einzelnen objektiv feststellbaren Teilverpflichtungen der Rekultivierung, gibt die Rechtfertigung zur Bildung einer Bewertungseinheit „Rekultivierung".[308] Um dennoch einen objektiven ausschüttungsfähigen Gewinn zu gewährleisten, sind die Teilmaßnahmen zur Wiedernutzbarmachung des Geländes zunächst einzeln zu bewerten, um dann in der Summe die Rekultivierungskosten zum Bilanzstichtag widerzuspiegeln.[309] Im nun folgenden Teil der Untersuchung soll die Frage nach der getrennten oder zusammengefassten Bilanzierung von aus mehreren Teilverpflichtungen bestehenden ungewissen Verbindlichkeiten hinsichtlich der unterschiedlichen Belastungswirkung aufgrund des steuerlichen Abzinsungsgebots des § 6 Abs. 1 Nr. 3a Satz 1 lit. e EStG untersucht werden.

---

[304] Vgl. *Rupp*, Gesetzestatbestand, 1991, S. 67 f.
[305] Vgl. *Knobbe-Keuk*, Unternehmenssteuerrecht, 1993, S. 233; *Schön*, Bundesfinanzhof, BB 1994, Beilage 9 zu Heft 15/1994, S. 13.
[306] *Weber-Grellet*, Prüfstand, StbJb 2002/2003, S. 266.
[307] Vgl. *Benne*, Einzelbewertung, DB 1991, S. 2603 f.
[308] Siehe Anhang II zur jeweiligen Interpretation des Einzelbewertungsgrundsatzes.
[309] Vgl. *Bach*, Umweltrisiken, 1996, S. 310.

1.3 Rückstellungsbewertung

1.3.1 Abzinsung von Rückstellungen für Sachleistungsverpflichtungen

Seit dem 1. Januar 1999 gilt das durch das Steuerentlastungsgesetz (StEntlG) 1999/2000/2002 in Kraft getretene Abzinsungsgebot des § 6 Abs. 1 Nr. 3a lit. e EStG, welches undifferenziert die Abzinsung von „Rückstellungen für Verpflichtungen" mit einem Zinssatz von 5,5 % fordert.[310] Demnach werden hierunter Rückstellungen nicht nur für Geldleistungsverbindlichkeiten erfasst, sondern auch die für Rekultivierungsverpflichtungen maßgeblichen Sachleistungsverbindlichkeiten.[311] Schon vor Inkrafttreten des StEntlG 1999/2000/2002 war die Frage nach einer Abzinsung von Rückstellungen für Sachleistungsverbindlichkeiten Grundlage zahlreicher fachlicher Diskussionen.[312] Der BFH hat sich dabei in seinem Urteil vom 19.02.1977 bezogen auf den Sonderfall der Rekultivierungsverpflichtungen gegen die Zulässigkeit einer Abzinsung ausgesprochen.[313] Dieser Meinung wird auch heute noch gefolgt,[314] so dass die Wiedernutzbarmachung in Form einer „bergrechtlichen" Verpflichtung auch durch das BMF bestätigt nicht abzuzinsen ist.[315] Dabei sollen im Folgenden vor allem die Kritikpunkte des steuerlichen Abzinsungsgebots für Rückstellungen in Bezug auf das Untersuchungsziel dieser Arbeit herausgearbeitet werden.

1.3.1.1 Bedeutung des Abzinsungszeitraums für den Rückstellungsansatz

§ 6 Abs. 1 Nr. 3a lit. e Satz 2 EStG bestimmt, dass der Zeitraum bis zum Beginn der Erfüllung maßgeblich für den Abzinsungszeitraum von Rückstellungen für Sachleistungsverpflichtungen ist. Damit erhält die Frage, ob eine Rückstellung für die Wiedernutzbarmachung oder andere Sachleistungsverbindlichkeiten als Einheit zu passivieren ist oder getrennt voneinander abzubildende Sachverhalte darstellt, entscheidende Bedeutung für die Höhe der Abzinsung. Hierbei birgt schon allein für sich betrachtet die Frage nach dem Beginn der Erfüllungspflicht Diskussionsbedarf in sich.

---

[310] Vgl. *Groh*, Abzinsungsgebot, DB 2007, S. 2275 ff.; zu den Voraussetzungen der Abzinsung siehe Kapitel II., Unterpunkt 2.2.2, S. 11 f.

[311] Vgl. *Reuter*, Steuerentlastungsgesetz, 2007, S. 218 f.; *FG Niedersachsen* v. 18.04.2007, 3 K 11463/05, EFG 2007, S. 1856 ff. zur Abzinsung von Rückstellungen für Sachleistungsverpflichtungen.

[312] Vgl. dazu stellvertretend *Hahn*, Abzinsung, DStZ 1994, S. 321 ff.; *Clemm*, Passiva, StbJb 1987/88, S. 70 ff.; *Kessler*, Dauerschuldverhältnisse, 1992, S. 496 ff.; *Hahn*, Rückstellungen, 1990, S. 5 ff.

[313] Vgl. *BFH* v. 19.02.1975, I R 28/73, BStBl. II 1975, S. 480 ff.

[314] Vgl. *Roser/Tesch/Seemann*, Abzinsung, FR 1999, S. 1349; *Hoyos/M. Ring* in Beck Bil-Komm., 2006, § 249 HGB, Rz. 100; *Bergs*, Braunkohlenbergbau, 2006, S. 237.

[315] Vgl. *BMF*-Schreiben v. 09.12.1999, IV C 2 – S 2175 – 30/99, BStBl. I 1999, S. 1127 ff.

Insbesondere aber bei den Rekultivierungsverpflichtungen und einem oft sehr langem Zeitraum zwischen dem Entstehen und der Erfüllung der Schuld, ist die Frage nach dem „Beginn der Erfüllung" für das bilanzierende Unternehmen besonders relevant.[316] Daher ist hier auch die Entscheidung für die Bilanzierung einer einheitlichen Schuld „Rekultivierung" oder deren aufgebrochene Passivierung ihrer Teilverpflichtungen von besonderer Bedeutung, denn maßgebend für das Ende des Abzinsungszeitraums ist „der erste Schritt"[317] zur Wiedernutzbarmachung.[318] Bei einer atomisierten Darstellung der ungewissen Verbindlichkeit Rekultivierung müsste demnach für jede Teilverpflichtung gesondert der Beginn der Erfüllung ermittelt werden. Dies wäre nicht nur aufgrund der Vielfalt möglicher Rekultivierungsmaßnahmen und deren Abgrenzung zueinander mit erheblicher Unsicherheit verbunden, sondern würde auch regelmäßig zu einer höheren Abzinsung als bei der in einem Bilanzposten zusammengefassten Rückstellung führen. Dies ist aus zwei Gründen nicht zu rechtfertigen. Zum einen stellt die Verpflichtung zur Rekultivierung eine wirtschaftliche Einheit mit nur auf einer Verpflichtungsgrundlage beruhenden unselbständigen Teilleistungen dar und ist auch als solche darzustellen. Zum anderen würde aber die gesonderte Abzinsung der jeweiligen Teilverpflichtung den Abzinsungszeitraum erheblich verlängern und somit die unrichtige Belastungswirkung der Abzinsung von Sachleistungsverpflichtungen durch eine erhöhte Abzinsung nochmals verstärken. Denn der Sinn einer Rückstellung liegt nicht in einer unberechtigten Steuerstundung, sondern in der Abbildung der durch die ungewisse Verbindlichkeit geminderten Leistungsfähigkeit.[319] Ist diese bspw. durch eine längerfristige zinslose Stundung von Geldleistungsverbindlichkeiten tatsächlich erhöht, so ist dies auch zu Recht im Wege einer Abzinsung zu berücksichtigen.[320] Demnach verstößt aber die Abzinsung von Rückstellungen, deren Erfüllungsbetrag gerade keinen Zinsanteil aufweist, gegen das für die Besteuerung fundamentale Leistungsfähigkeitsprinzip,[321] gegen das Prinzip des vollständigen Schuldenausweises i. S. d. § 246 Abs. 1 Satz 1 HGB und das Nominalwertprinzip.[322] Diese an sich schon nicht zu rechtfertigenden bilanzrechtlichen Eingriffe würden durch eine gesonderte

---

[316] Vgl. *Niemann*, Bildung, 2000, S. 42 ff.
[317] *Niemann*, Bildung, 2000, S. 44.
[318] Vgl. *Kessler/Ranker*, Gewährleistungsverpflichtungen, StuB 2001, S. 330.
[319] Vgl. *Dauber*, Realisationsprinzip, 2003, S. 241.
[320] Vgl. *Koths*, Fragen, StbJb 1999/2000, S. 262 f.; *Zerhusen*, Altlastensanierungsverpflichtungen, 1993, S. 82 ff.
[321] Vgl. *Koths*, Abzinsung, StbJb 2000/2001, S. 268 ff.; *Zerhusen*, Altlastensanierungsverpflichtungen, 1993, S.34; *Günkel/Fenzl*, Verlustverrechnung, DStR 1999, S. 656; *Beiser*, Leistungsfähigkeitsprinzip, DB 2001, S. 296 ff.
[322] Vgl. *Pilhofer*, Vergleich, 1997, S. 135 f.; *Reuter*, Steuerentlastungsgesetz, 2007, S. 210.

Ermittlung des Erfüllungsbeginns jeder einzelnen Teilleistung nochmals verstärkt werden, so dass eine atomisierte Passivierung der Rückstellung für die Wiedernutzbarmachung abzulehnen ist. Dies kommt auch in dem BMF-Schreiben vom 09.12.1999 zum Ausdruck, da hier die Verpflichtung zur Wiedernutzbarmachung ebenfalls als Einheit gesehen wird.[323] Dabei kennzeichnet der Beginn des Tagebaus bei der Braunkohlengewinnung gleichzeitig den Beginn der Erfüllung, demnach hat eine Abzinsung der Rückstellung zu unterbleiben. Die Rückstellungen für die Verpflichtung zur Verlegung von Dörfern, Straßen, Eisenbahnlinien u. Ä. hingegen werden nicht als einheitliche Verpflichtung „Gesamtverlegung" angesehen, so dass die für die jeweilige Verlegungsmaßnahme gebildete Rückstellung bis zu dem Beginn der entsprechenden Maßnahme abzuzinsen ist.[324] Dies ist meiner Meinung nach auch damit zu rechtfertigen, dass die Verlegungsmaßnahmen nicht Teil der wirtschaftlichen Einheit „Wiedernutzbarmachung" sind und diese vor allem nicht bedingen. Denn die Verlegungsmaßnahmen sind nicht Bestandteil der auf dem BBergG beruhenden Verpflichtung zur Rekultivierung wie eine ordnungsgemäße Auffüllung der Grube oder die Wiederaufforstung. Aus diesem Grunde stellen die Verlegungsmaßnahmen hinsichtlich der Frage nach einer zusammengefassten Passivierung von Verbindlichkeiten hier eine selbständige Schuld neben der Schuld der Rekultivierung dar und sind demnach auch getrennt von dieser abzubilden und abzuzinsen. Daraus wird ersichtlich, dass die Frage nach der sachgerechten Abgrenzung einer Schuld sich nach deren wirtschaftlichen Charakter richten muss und abhängig von dieser Abgrenzung somit auch der Beginn der Erfüllung und dadurch der Abzinsungszeitraum determiniert werden.

1.3.1.2 Vereinbarkeit der Abzinsung mit dem Realisationsprinzip

Eine Abzinsung des Erfüllungsbetrags von Rückstellungen kann nur dann mit den Grundsätzen ordnungsmäßiger Buchführung vereinbar sein, wenn und soweit dieser einen Zinsanteil enthält.[325] Durch die Abzinsung einer unverzinslichen ungewissen Verbindlichkeit würde der Gewinn der abgelaufenen Periode zu hoch ausgewiesen werden und somit ein zu hoher und unter wirtschaftlichen Gesichtspunkten nicht gerechtfertigter Betrag möglichen Ausschüttungen und Steuerzahlungen zur

---

[323] Dazu anderer Meinung vgl. *Bergs*, Braunkohlenbergbau, 2006, S. 239.
[324] Vgl. *BMF*-Schreiben v. 09.12.1999, IV C 2 – S 2175 – 30/99, BStBl. I 1999, S. 1127 ff.
[325] Vgl. *Kessler*, Dauerschuldverhältnisse, 1992, S. 496 ff.; *Christiansen*, Passivierung, DStR 2008, S. 739; *Roß/Seidler*, Altautorücknahme, BB 1999, S. 1263.

Verfügung stehen.[326] Denn durch ein auch für Sachleistungsverbindlichkeiten verpflichtendes Abzinsungsgebot wird zwar der Rückstellungsbetrag gemindert, dies hat aber natürlich nicht zur Folge, „dass unverzinsliche Verpflichtungen zu verzinslichen Verpflichtungen werden".[327] Aus diesem Grunde wurde die Abzinsung von Sachleistungsverbindlichkeiten und insbesondere von aufgrund öffentlich-rechtlicher Umweltschutzverpflichtungen bestehenden Rückstellungen auch stets abgelehnt.[328] Insbesondere ergibt sich neben dem zuvor betrachteten Verstoß gegen das Leistungsfähigkeitsprinzip ein Verstoß gegen das Realisationsprinzip, da bei der Abzinsung von Sachleistungsverbindlichkeiten mögliche Zinserträge aus einer Anlage der Rückstellungsgegenwerte berücksichtigt werden, welche aber tatsächlich (noch) nicht realisiert sind.[329] Denn die Verpflichtung zur Rekultivierung ist im Gegensatz zu einer Geldleistungsverbindlichkeit, „aufgrund derer dem Unternehmen von außen ein nutzbares Wirtschaftsgut zugeführt wird, ein interner betrieblicher Liquiditätsvorteil, der durch eine späte Fälligkeit einer einseitigen Sachleistungsverbindlichkeit eintritt".[330] Aber selbst wenn aus einer höheren noch vorhandenen Liquidität Zinserträge erzielt werden könnten, dürfte diese Möglichkeit zur Ertragserzielung nicht zu einer Verrechnung von noch nicht realisierten Erträgen mit bereits realisiertem Aufwand führen. Denn dadurch käme es zu einem Ausweis nicht realisierter Gewinne und der bereits entstandene Aufwand würde nicht in voller Höhe abgebildet werden.[331] Wird eine auf einer wirtschaftlichen Einheit beruhende Rückstellung demnach in ihre Teilverpflichtungen atomisiert passiviert, so verstärkt die erhöhte Abzinsung nicht nur den Verstoß gegen Leistungsfähigkeits- und Realisationsprinzip, sondern führt auch zu einer Entobjektivierung der bilanzierten Werte. Denn sowohl die Abzinsung an sich führt zu keinem objektiv richtigen Ansatz, noch die Abgrenzung der einzelnen Teilverpflichtung untereinander und die Bestimmung des objektiv nachvollziehbaren „Beginn der Erfüllung" einer jeden Einzelleistung.[332] Daher muss auch dieser „Beginn der Erfüllung" jeweils hinsicht-

---

[326] Vgl. *Gotthardt*, Umweltschutz, 1995, S. 110 f.
[327] *Niemann*, Anerkennung, 2007, S. 41.
[328] Vgl. *Herzig*, Umweltschutz, DB 1990, S. 1353; *Gotthardt*, Umweltschutz, 1995, S. 111; *Clemm*, Verzinslichkeit, 1984, S. 236 f.; *Koths*, Fragen, StbJb 1999/2000, S. 259 ff.
[329] Vgl. *Gotthardt*, Umweltschutz, 1995, S. 111; *Pilhofer*, Vergleich, 1997, S. 135; *Bach*, Umweltrisiken, 1996, S. 276; *Christiansen*, Passivierung, DStR 2008, S. 739; *IDW*, Entwurf, WPg 1999, S. 294; anderer Meinung *Moxter*, Rechnungslegung, 2003, S. 166; *Herzig*, Gewinnermittlung, 2004, S. 287.
[330] *Hahn*, Rückstellungen, 1990, S. 30 f.; zur Bedeutung des Verpflichtungscharakters für die Abzinsung vgl. *Lüdenbach*, Rückbauverpflichtungen, BB 2003, S. 837 f.
[331] Vgl. *Dauber*, Realisationsprinzip, 2003, S. 238 ff.; *Hahn*, Rückstellungen, 1990, S. 41 f.; *Clemm*, Abzinsung, BB 1993, S. 689 ff.
[332] Vgl. *Weber-Grellet*, Zins, 1993, S. 173 f.; *Bergs*, Braunkohlenbergbau, 2006, S. 235 ff.

lich des frühestmöglichen Zeitpunktes interpretiert werden,[333] so dass der erste Schritt zur Erfüllung einer Verbindlichkeit auf die Einheit der einen Zweck erfüllenden Rückstellung bezogen ermittelt werden muss. Denn eine Rechtfertigung für einen zu niedrigen Schuldenausweis darf nicht darin gesehen werden, dass der Steuerpflichtige „durch die Anlage der an das Unternehmen gebundenen Mittel den Abzinsungsbetrag bis zur Fälligkeit der Schuld schon noch erwirtschaften"[334] werde. So müssen m. E. Verbindlichkeiten, die in einzelne Teilleistungen eingeteilt werden können, soweit sie wirtschaftlich betrachtet eine *einzige* Schuld darstellen, zusammengefasst passiviert werden, um somit den Verstoß gegen grundlegende Prinzipien des Steuerrechts durch die Abzinsung von Sachleistungsverbindlichkeiten ohne Zinsanteil nicht noch weiter zu verstärken.[335]

1.3.2 Berücksichtigung positiver Erfolgsbeiträge

Nach § 6 Abs. 1 Nr. 3a lit. c EStG sind alle künftigen Vorteile, die mit der Erfüllung der Verpflichtung voraussichtlich verbunden sein werden, bei ihrer Bewertung wertmindernd zu berücksichtigen, soweit sie nicht als Forderung zu aktivieren sind. Damit wurden mit dem StEntlG die durch das Apotheker-Urteil erörterten Grundsätze zu einer möglichen und zulässigen Saldierung auch auf andere Arten steuerlich zulässiger Rückstellungen übertragen.[336] Der BFH hatte schon in seinem Urteil vom 16.09.1970 darüber zu entscheiden, ob bei der Bewertung einer Wiederauffüllungsverpflichtung Einnahmen aus während der Auffüllung anfallenden Kippgebühren wertmindernd zu berücksichtigen seien. Dies wurde unter Berufung auf das Realisationsprinzip abgelehnt, da die Einnahmen aus den Kippgebühren noch nicht realisierte Erträge darstellen.[337] In einem solchen Fall hat die Bildung einer Bewertungseinheit zu unterbleiben, um dadurch „die Unsicherheit einer gesamtwertabhängigen Bilanzierung zu vermeiden".[338] Grundlegend dabei ist, dass die Einbeziehung wirtschaftlicher Vorteile in eine Bewertungseinheit nur dann zulässig sein kann, wenn diese hinreichend konkretisiert sind und nicht nur die bloße Möglichkeit ihres Eintretens besteht.[339]

---

[333] Vgl. *Reuter*, Steuerentlastungsgesetz, 2007, S. 225.
[334] *Küting/Kessler*, Rückstellungsrecht, DStR 1998, S. 1943.
[335] Vgl. *Beiser*, Leistungsfähigkeitsprinzip, DB 2001, S. 297 f.
[336] Vgl. *Günkel/Fenzl*, Verlustverrechnung, DStR 1999, S. 655.
[337] Vgl. *BFH* v. 16.09.1970, I R 184/67 (V), BStBl. II 1971, S. 85 ff.
[338] *Kaiser*, Rückstellungsbilanzierung, 2008, S. 132.
[339] Vgl. *Scheffler*, Bemessungsgrundlage, StuB 2000, S. 543 f.; *BFH* v. 17.02.1993, X R 60/89, BStBl. II 1993, S. 437 ff.

Problematisch erscheint, dass allein der Wortlaut des § 6 Abs. 1 Nr. 3a lit. c EStG keinerlei Anspruch an die Qualität der Einnahmeerwartungen stellt, so dass deren wertmindernde Berücksichtigung ohne die Erfüllung weiterer Voraussetzungen zu Lasten der Bilanzobjektivierung geht.[340] Allerdings sind gerade bei der Verpflichtung zur Wiedernutzbarmachung solche positiven Erfolgsbeiträge in die Bewertungseinheit „Rekultivierung" mit einzubeziehen, welche nicht nur möglich, sondern auch mit hinreichender Sicherheit zu erzielen und konkretisieren sind. Dabei kann die rechtliche Zulässigkeit bspw. durch den zugrunde liegenden Betriebsplan oder auch das Einhalten eines bestimmten zeitlichen Rahmens konkretisierend wirken. Ein Beispiel für einen zu berücksichtigenden positiven Erfolgsbeitrag bei der Wiedernutzbarmachung ist der Einsatz von geeigneten Rückständen zu Rekultivierungszwecken, so bspw. das Aufbringen von Klärschlämmen oder Aschen zum Zwecke einer schnelleren Begründung.[341] Wichtig und entscheidend für die Bildung einer Bewertungseinheit ist auch hier wieder die innere Verbundenheit der Elemente und das Bestehen einer wechselseitigen Kausalität, durch welche der Eintritt des einen Sachverhalts ohne den anderen unmöglich wird.[342] Übertragen auf die Bilanzierung der Bewertungseinheit „Rekultivierung" oder ähnlicher umfassender Verpflichtungen bedeutet dies, dass alle diejenigen Teilleistungen zur einer Einheit zusammengefasst werden müssen, ohne die die „Hauptverpflichtung" nicht erfüllbar wäre und die jeweils getrennt passiviert für sich gesehen keinen eigenständigen Zweck erfüllen.

1.4 Zwischenergebnis

Bei der Frage nach der Bilanzierung von Rekultivierungsverpflichtungen ist festzuhalten, dass die Pflicht zur Wiedernutzbarmachung der durch den Braunkohlenbergbau devastierten Oberfläche als Einheit zu bilanzieren ist. Dabei sind die im vorherigen Teil der Arbeit herausgearbeiteten Anhaltspunkte einer sachgerechten Abgrenzung von Schulden jeweils von Neuem auf die Problematik einer in mehrere Teilverpflichtungen trennbaren Verbindlichkeit anzuwenden. Denn nur bei einem Vorliegen unselbständiger Teilleistungen, die allein in der Summe der Erfüllung der Hauptleistung dienen und nicht auf einer selbständigen Verpflichtungsgrundlage beruhen, ist das Zusammenfassen dieser Teilverpflichtungen zu einer Bewertungseinheit „Rückstellung" zulässig. Bei einer auf dem Grundsatz der Einzelbewertung

---

[340] Vgl. *Küting/Kessler*, Rückstellungsrecht, DStR 1998, S. 1944.
[341] Vgl. *Lauerwald*, Prüfung, 2001, S. 130.
[342] Vgl. *Naumann*, Bewertung, 1989, S. 223 ff.

aufbauenden Ermittlung des Rückstellungswertes für eine ungewisse Verbindlichkeit ist dabei zunächst jede einzelne Teilleistung mit ihrem Erfüllungsbetrag zu bewerten, allerdings immer unter Berücksichtigung der Tatsache, dass diese Teilverpflichtungen Bestandteil einer wirtschaftlichen Einheit sind.[343] Denn der Einzelbewertungsgrundsatz verstanden im Sinne von zwingend getrennt voneinander zu bilanzierenden Teilleistung kann nicht ausnahmslos gelten. Gerade im Hinblick auf die Auswirkungen einer Abzinsung i. S. d. § 6 Abs. 1 Nr. 3a lit. e EStG muss ein Abweichen vom Grundsatz der Einzelbewertung dann zulässig sein, wenn „eine Einzelbewertung kein den tatsächlichen Verhältnissen soweit wie möglich entsprechendes Bild der Finanzlage der betreffenden Gesellschaft vermitteln würde".[344] Dabei muss jedoch zur Sicherstellung objektiv nachvollziehbarer Bilanzansätze eine hinreichende Konkretisierung und zulässige Passivierung einer jeden einzelnen Teilleistung Voraussetzung für deren Einbeziehung in die Bewertungseinheit sein.

2. Rückstellungen für Restrukturierungsverpflichtungen

2.1 Rückstellungsansatz

2.1.1 Rückstellungen für ungewisse Verbindlichkeiten

Die Restrukturierung eines Unternehmens beinhaltet eine grundlegende Reorganisation zur Anpassung der Unternehmensaktivitäten und -strukturen auf veränderte (Markt-) Gegebenheiten, bspw. durch die Schließung oder Ausgliederung von Unternehmensteilen.[345] Diese betrieblichen Umstrukturierungen führen zu teilweise erheblichen wirtschaftlichen Beeinträchtigungen bei den Arbeitnehmern, welche u. a. durch Entlassungen oder Versetzungen an einen anderen Unternehmensstandort umstrukturierungsbedingte Nachteile erfahren, die vom Unternehmen auszugleichen oder zu mildern sind.[346] Diese Notwendigkeit zur Aufstellung von Sozialplänen wurde im BetrVG von 1972 erstmals explizit erwähnt und somit eine begriffliche Abgrenzung zum Interessenausgleich geschaffen.[347] Die künftigen Verpflichtungen auf Grund eines Sozialplans i. S. d. §§ 111, 112 BetrVG müssen dann durch Rückstellungen für ungewisse Verbindlichkeiten gem. § 249 Abs. 1 Satz 1 erste Alt. HGB in der Bilanz abgebildet werden, wenn der Betriebsrat vor dem Bilanzstichtag

---
[343] Vgl. *Hahn*, Rückstellungen, 1990, S. 32.
[344] *EuGH* v. 14.09.1999, C-275/97, Slg. 1999, S. I-5331 ff..
[345] Vgl. *Gellrich*, Passivierung, 2008, S. 174.
[346] Vgl. *Prinz*, Visier, DB 2007, S. 353; § 112 Abs. 1 Satz 2 BetrVG.
[347] Vgl. *Tomicic*, Sozialplan, 1981, S. 1.

durch den Arbeitgeber von der geplanten Betriebsänderung in Kenntnis gesetzt wurde. Des Weiteren ist die Rückstellungsbildung auch dann zu bejahen, wenn die Betriebsänderung von dem Unternehmen bereits beschlossen wurde oder wirtschaftlich notwendig geworden ist.[348] Entscheidend für den Zeitpunkt der Rückstellungsbilanzierung ist demnach die wirtschaftliche Verursachung der Verpflichtung.[349] Dabei stellen die Sozialplanverpflichtungen selbständige Verpflichtungen außerhalb des bilanzrechtlichen Synallagmas für Arbeitsverhältnisse dar, da die hier vom Arbeitgeber erbrachten Leistungen nicht auf die Erzielung von Arbeitsleistung der Arbeitnehmer gerichtet sind, sie sind also gerade kein Bestandteil der Leistungs- und Gegenleistungspflichten aus dem Arbeitsverhältnis.[350] So können Sozialplanverbindlichkeiten auch nicht als drohende Verluste aus schwebenden Geschäften interpretiert werden, sondern sind als ungewisse Verbindlichkeiten zu passivieren.[351]

2.1.2 Kollektivrechtliche Verpflichtung und Grundsatz der Einzelbewertung
Sowohl der „Anspruch des Kollektivs"[352] der Arbeitnehmerschaft kann die Pflicht zur Rückstellungsbildung begründen, als auch Ansprüche aus einzelvertraglich mit dem jeweiligen Arbeitnehmer getroffene Vereinbarungen.[353] Denn wie am Beispiel der Gewährleistungsverpflichtung festzustellen, muss nicht die einzelne Person eines jeden Gläubigers bekannt sein, vielmehr reicht schon das Wissen um den möglichen Kreis der Anspruchberechtigten.[354] Der Sozialplan entfaltet dabei die Wirkung einer Betriebsvereinbarung[355] dessen Vertrag als kollektivrechtliche Vereinbarung bürgerlich – rechtlichen Regeln folgt und auf dessen Leistungen der Arbeitnehmer einen unmittelbaren Rechtsanspruch besitzt.[356] Da der Rechtsbegründungsakt dabei laut Gesetz die Betriebsvereinbarung darstellt, geht der Arbeitgeber die Verpflichtung nicht durch bspw. eine Einzelzusage in Form eines Vertrages zwischen ihm und dem Arbeitnehmer ein, sondern durch die Vereinbarung mit dem Betriebsrat.[357]

---

[348] Vgl. *BMF*-Schreiben v. 02.05.1977 – IV B 2 – S 2137 – 13/77, BStBl. I 1977, S. 280; *Weber-Grellet* in Schmidt, EStG, § 5, Rz. 550; R 5.7 Abs. 6 EStR.
[349] Vgl. *Hartung*, Sozialplanrückstellung, BB 1988, S. 1421 f.
[350] Hierzu anderer Meinung vgl. *Brink/Tenbusch/Prinz*, Betriebsprüfung, DB 2008, S. 364.
[351] Vgl. *Herzig*, Verbindlichkeiten, StbJb 1985/86, S. 105 f.; *Heddäus*, Grundsätze, 1997, S. 234.
[352] *Herzig/Bohn*, Rückstellungspflichten, BB 2006, S. 1552.
[353] Vgl. *BFH* v. 30.11.2005, I R 1/05, BStBl. II 2006, S. 471 ff. zu „Sozialplanrückstellungen" und deren einzelvertraglich oder vom Betriebsrat geschlossenen Vereinbarungen.
[354] Vgl. *Herzig/Bohn*, Rückstellungspflichten, BB 2006, S. 1553 f.
[355] Vgl. *Heddäus*, Grundsätze, 1997, S. 200 f.
[356] Vgl. *Herzig*, Verbindlichkeiten, StbJb 1985/86, S. 105; *Molkenbur/Schulte*, Interessenausgleich, DB 1995, S. 269 ff.; *Bender*, Geschäftsgrundlage, München 2005, S. 439; *Prinz*, Visier, DB 2007, S. 353; *Molkenbur/Schulte*, Interessenausgleich, DB 1995, S. 269 ff.
[357] Vgl. *Hagemann*, Pensionsrückstellungen, 2004, S. 2 f.; *Staufenbiel*, Sozialplan, 2004, S. 94 ff.

Demnach handelt es sich bei sozialplanpflichtigen Betriebsänderungen um eine Kollektivverpflichtung des Unternehmens gegenüber denjenigen Mitarbeitern, die von den wirtschaftliche Nachteilen aufgrund der Restrukturierung betroffen sind.[358] Ähnlich der Sozialplanverpflichtung ist die Rückstellungsbilanzierung der sog. ERA-Anpassungsfonds, da sich auch hier die Leistungsverpflichtung des Arbeitgebers auf das Kollektiv der Arbeitnehmerschaft bezieht, hinreichend konkretisiert durch den bestimmbaren Kreis der Anspruchsberechtigten. Dennoch steht in beiden Fällen die Kollektivbetrachtung der Passivierung einer ungewissen Verbindlichkeit nicht entgegen,[359] auch ein Verstoß gegen den Einzelbewertungsgrundsatz liegt nicht vor.

2.1.3 Einheitlichkeit der Verpflichtung oder Atomisierung in Teilverpflichtungen

Bei der Aufstellung eines Sozialplans können die Vertragpartner frei darüber bestimmen, „welche Nachteile der von einer Betriebsänderung betroffenen Arbeitnehmer sie in welchem Umfang ausgleichen oder mildern wollen."[360] Somit gibt es keine gesetzlich geregelten Vorschriften über zwingend zu erfüllende Teilleistungen einer Sozialplanverpflichtung. Daher besteht m. E. nicht eine globale Verpflichtung „Sozialplan", sondern dieser bildet lediglich die rechtliche Grundlage für das Entstehen selbständiger und voneinander unabhängiger Verbindlichkeiten außerhalb des bilanzrechtlichen Synallagmas des Arbeitsverhältnisses. Dies ist zum einen damit zu begründen, dass die zu mildernden wirtschaftlichen Nachteile eines jeden Arbeitnehmers abhängig von unterschiedlichen Faktoren wie bspw. der Dauer der Betriebszugehörigkeit, dem Alter oder auch der Stellung innerhalb des Unternehmens individuell variieren können. Zum anderen sind die dem einzelnen Arbeitnehmer zustehenden Leistungen selbständig einklagbar, wie bspw. die Vermittlung eines neuen Arbeitsplatzes oder Abfindungszahlungen im Verhältnis zur jeweils individuellen tariflichen Arbeitszeit.[361] Daraus resultiert der Zwang zu einer selbständigen Passivierung jener aus dem Sozialplan resultierenden Pflichten, die für den Arbeitnehmer einen Eigenzweck besitzen und selbständig passivierungsfähig sind.[362] Dennoch dürfen Sozialplanverbindlichkeiten m. E. nicht in ihre kleinsten Verpflichtungsbestandteile atomisiert werden, stattdessen sind neben selbständigen Leistungsbestandteilen auch gleichartige Verpflichtungen gegenüber dem Kollektiv zu identifizieren und in einer *einzigen* Rückstellung zusammengefasst zu passivieren.

---

[358] Vgl. *Brink/Tenbusch/Prinz*, Betriebsprüfung, DB 2008, S. 366.
[359] Vgl. *Herzig/Bohn*, Rückstellungspflichten, BB 2006, S. 1560 ff.
[360] *Schrader*, Gleichbehandlungsgrundsatz, DB 1997, S. 1714.
[361] Vgl. *Schrader*, Gleichbehandlungsgrundsatz, DB 1997, S. 1715 ff.
[362] Vgl. *Jüttner*, GoB-System, 1993, S. 131 f.

2.2 Rückstellungsbewertung

Die Bewertung der Rückstellungen für Sozialplanverbindlichkeiten oder ähnliche Restrukturierungsmaßnahmen sind abhängig von der Höhe der jeweils zugrunde liegenden Verpflichtung.[363] So soll an dieser Stelle auch nicht erneut die grundsätzliche Bewertung der Rückstellung für ungewisse Verbindlichkeiten erörtert werden, sondern die für die Höhe der jeweiligen Rückstellung maßgebliche Abgrenzung der Sozialplanverbindlichkeiten betrachtet werden. Obgleich diese auf einem einheitlichen Rechtsgrund, den §§ 111, 112 BetrVG, beruhen, stellen sie m. E. keine einheitliche und unteilbare Verpflichtung dar, denn die auf dem einheitlichen Rechtsgrund beruhenden Leistungsbestandteile eines Sozialplans können auch eigenständige Verpflichtung umfassen.[364] So ist auch jede Pensionsverpflichtung für sich betrachtet als ein Wirtschaftsgut zu behandeln, wohingegen die einzelnen Versorgungsbestandteile wie Alters- oder Hinterbliebenenversorgung einer Person als einheitlicher Anspruch und ein einheitliches Wirtschaftsgut zu betrachten sind.[365] Demnach müssen auch die aus dem Sozialplan resultierenden Verpflichtungen differenziert betrachtet werden. Zum einen sind daraus selbständige Verpflichtungen eines einzelnen Arbeitnehmers als separate Schuld abzubilden, zum anderen existieren ebenso unselbständige und dem Kollektiv gegenüber gleichartige Leistungsbestandteile, die in einer übergeordneten Bewertungseinheit aufgehen.

2.3 Zwischenergebnis

Die aus einem Sozialplan resultierenden Leistungen können ein sehr vielfältiges Spektrum umfassen, so dass m. E. die Bildung nur einer *einzigen* Globalrückstellung in diesem Fall gegen den Grundsatz der Einzelbewertung und gegen den Grundsatz einer objektiv nachvollziehbaren Bilanzierung verstößt. Dennoch dürfen die selbständig zu passivierenden Leistungsbestandteile des Sozialplans nicht derart umqualifiziert werden, dass ein Leistungsbestandteil der Sozialplanverpflichtung wie bspw. der pauschale Rentenausgleich als eigenständige Pensionsverpflichtung zu bilanzieren ist.[366] Denn die Verpflichtungsgrundlage bleibt trotz eigenständiger Passivierung weiterhin der außerhalb des bilanzrechtlichen Synallagmas[367] liegende Sozialplan und die diesem zugrunde liegende Betriebsänderung.

---

[363] Vgl. *Prinz*, Visier, DB 2007, S. 354 f.
[364] Hierzu anderer Meinung vgl. *Prinz*, Visier, DB 2007, S. 355 ff.
[365] *BFH*-Beschluss v. 03.02.1993, I B 50/92, BFH/NV 1993, S. 541.
[366] Vgl. *Brink/Tenbusch/Prinz*, Betriebsprüfung, DB 2008, S. 364.
[367] Vgl. zum wirtschaftlichen Austauschverhältnis des bilanzrechtlichen Synallagmas auch *Heddäus*, Grundsätze, 1997, S. 81 ff.

V. Fazit und Ausblick

Die Rechnungslegung ist geprägt von dem Spannungsverhältnis zwischen Einzelfallgerechtigkeit und Willkürfreiheit, einer entscheidungsrelevanten und zugleich objektiven und zuverlässigen Bilanzierung.[368] Der Grundsatz der Einzelbewertung hat dabei seinen Ursprung im Vorsichtsprinzip und dient daher insbesondere der Sicherung des Gläubigerschutzes und einer willkürfreien Rechnungslegung, allerdings hat er auch eine gewisse Informationsfunktion der Bilanz sicherzustellen.[369] Diese gegenläufig[370] zueinander stehenden Ansprüche an den Einzelbewertungsgrundsatz sind gerade hinsichtlich der Bildung von Bewertungseinheiten und speziell bei der Bildung einer Bewertungseinheit „Rückstellung" miteinander in Einklang zu bringen. So soll einerseits die Verpflichtung und ihr wirtschaftlicher Gehalt durch eine zusammengefasste oder atomisierte Passivierung zutreffend widergespiegelt werden, andererseits müssen die in die Bewertungseinheit einfließenden Teilverpflichtungen bestimmte Kriterien erfüllen, um eine willkürliche Ausweitung der Bewertungseinheit zu vermeiden.[371] Danach sind Verpflichtungen grundsätzlich nach jedem einzelnen Anspruch abzugrenzen. Dient aber das zusammengefasste Bilanzieren einer mehrere Teilleistungen umfassenden Verpflichtung der verbesserten Darstellung von Vermögens-, Finanz- und Ertragslage des Unternehmens und verstößt dieser zusammengefasste Ansatz nicht gegen eine gläubigerschutzorientierte und willkürfreie Rechnungslegung, so ist die Verpflichtung zwingend nach ihrem wirtschaftlichen Charakter abzubilden.[372] Im Laufe der Untersuchung haben sich dabei die Orientierung an dem Gesamtzweck der Verbindlichkeit, eine mögliche Einteilung der Schuld in Haupt- und unselbständige Nebenleistungspflichten, die Frage nach einer einheitlichen oder jeweils selbständigen Verpflichtungsgrundlage und das Einbeziehen nur solcher Teilverpflichtungen in die Bewertungseinheit „Rückstellung", die kausal miteinander verbunden sind und die allgemeinen Passivierungsvoraussetzungen erfüllen, als zuverlässige Abgrenzungskriterien für die Bilanzierung von Schulden dargestellt. Im Hinblick auf die Bedeutung der Bilanzposition Rückstellungen und der Wirkungen aus dem Abzinsungsgebot muss in Zukunft möglichen Abgrenzungskriterien von Schulden eine größere Bedeutung zugesprochen werden.

---

[368] Vgl. *Kuhner*, Willkürfreiheit, BFuP 2001, S. 523 ff.
[369] Vgl. *Reuter*, Steuerentlastungsgesetz, 2007, S. 128 f.
[370] Vgl. *Kuhner*, Willkürfreiheit, BFuP 2001, S. 528 f.
[371] Vgl. *Naumann*, Bewertung, 1989, S. 220 f.; siehe Anhang III zum Prüfungsschema einer zusammengefassten oder getrennten Passivierung ungewisser Verbindlichkeiten.
[372] Vgl. *Reuter*, Steuerentlastungsgesetz, 2007, S. 128 f.

Anhang I – Veranschaulichung der Alimentationsthese am Kiesgrubenbeispiel[373]

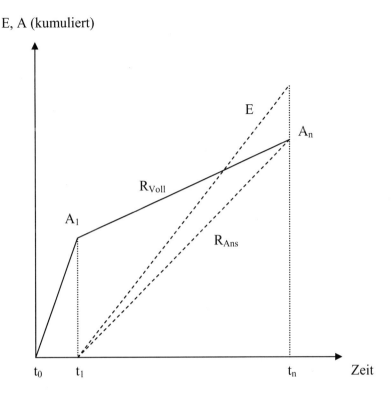

t_0	Beginn der Arbeiten zur Vorbereitung des Kiesabbaus, bspw. das Roden eines Waldstücks
A_1	Durch die Vorbereitungen zum Kiesgrubenaushub wird bereits eine Wiederauffüllverpflichtung i. H. v. A_1 verursacht, welche bis zu A_n ansteigt
t_1	Beginn der Ausbeute der Kiesgrube und der Realisierung von Erträgen aus dem Kiesverkauf bis zum Zeitpunkt t_n.
E	Kumulierte Erträge aus dem Kiesabbau als jährlich konstant anwachsender Betrag
R_{Voll}	Gegner der Alimentationsthese befürworten die Bildung einer Vollrückstellung
R_{Ans}	Vertreter der Alimentationsthese fordern eine Rückstellungsbildung in Relation zu den bereits realisierten Erträgen

---

[373] *Siegel*, Realisationsprinzip, 2005, S. 112.

Anhang II – Interpretation des Einzelbewertungsgrundsatzes[374]

Einzelbewertung einzelner Sachverhalte

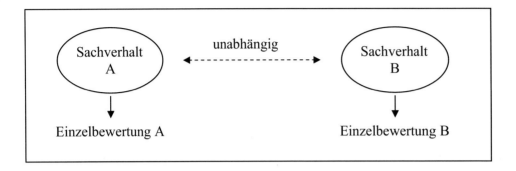

Einzelbewertung einer Bewertungseinheit

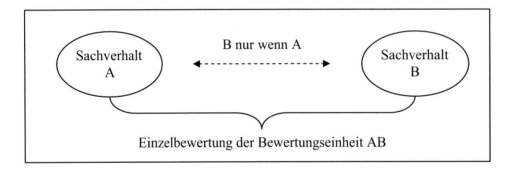

Auf das Beispiel der Rekultivierung bezogen:

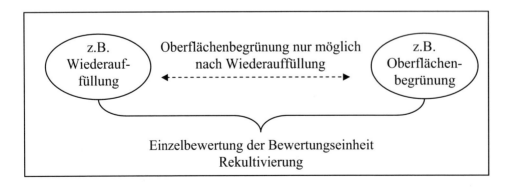

---

[374] Vgl. *Siegel*, Einzelbewertungsprinzip, StuB 2005, S. 359.

Anhang III – Prüfungsschema einer zusammengefassten oder getrennten Passivierung ungewisser Verbindlichkeiten

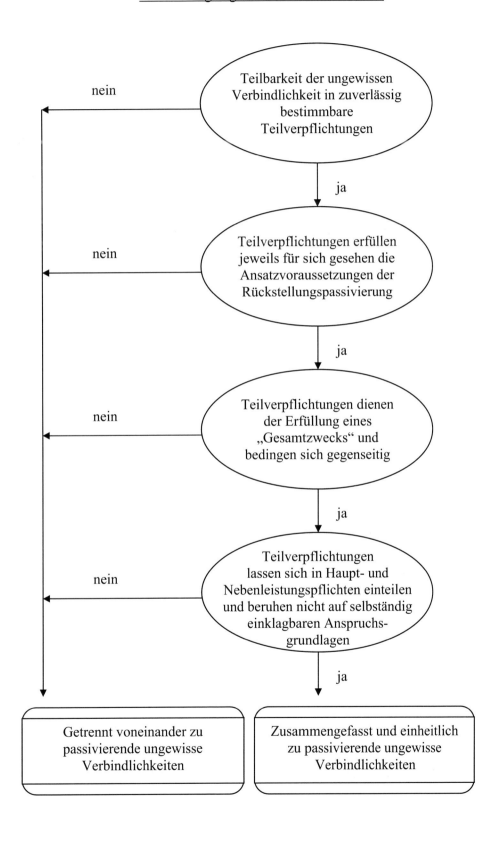

Literaturverzeichnis

Adler, Hans/Düring, Walther/Schmaltz, Kurt (**Prüfung**): Rechnungslegung und Prüfung der Unternehmen, Kommentar, 6. Auflage, Stuttgart 1995-2001.

Bach, Alexander (**Umweltrisiken**): Umweltrisiken im handelsrechtlichen Jahresabschluß und in der Steuerbilanz, Diss. rer. pol., Stuttgart 1996.

Baetge, Jörg/Kirsch, Hans-Jürgen/Thiele, Stefan (**Bilanzen**): Bilanzen, 9.Auflage, Düsseldorf 2007.

Beck'scher Bilanzkommentar – Handels- und Steuerbilanz (**Beck Bil-Komm.**): Ellrott, Helmut/Förschle, Gerhart/Hoyos, Martin/Winkeljohann, Norbert (Hrsg.), 6. Auflage, München 2006.

Beiser, Reinhold (**Leistungsfähigkeitsprinzip**): Die Abzinsung von Verbindlichkeiten und Rückstellungen im Licht des Leistungsfähigkeitsprinzips, DB 2001, S. 296-298.

Beisse, Heinrich (**Generalnorm**): Die Generalnorm des neuen Bilanzrechts, in: Knobbe-Keuk, Brigitte/Klein, Franz/Moxter, Adolf (Hrsg.): Handelsrecht und Steuerrecht, Festschrift für Georg Döllerer, Düsseldorf 1988, S. 25-44.

Beisse, Heinrich (**Bilanzrechtssystem**): Zum neuen Bild des Bilanzrechtssystems, in: Ballwieser, Wolfgang/Böcking, Hans-Joachim/Drukarczyk, Jochen/ Schmidt, Reinhard H. (Hrsg.): Bilanzrecht und Kapitalmarkt, Festschrift für Adolf Moxter zum 65. Geburtstag, Düsseldorf 1994, S. 3-31.

Beisse, Heinrich (**Normqualität**): Normqualität und Normstruktur von Bilanzvorschriften und Standards, BB 1999, S. 2180-2186.

Bender, Wolfgang (**Geschäftsgrundlage**): Der Wegfall der Geschäftsgrundlage bei arbeitsrechtlichen Kollektivverträgen am Beispiel des Tarifvertrages und des Sozialplans, Diss. iur., München 2005.

Benne, Jürgen (**Einzelbewertung**): Einzelbewertung und Bewertungseinheit, DB 1991, S. 2601-2610.

Bergs, Stefan (**Braunkohlenbergbau**): Rückstellungen im Braunkohlenbergbau, Diss. rer. pol., Wiesbaden 2006.

Binger, Marc (**Ansatz**): Der Ansatz von Rückstellungen nach HGB und IFRS im Vergleich, Diss. rer. pol., Wiesbaden 2009.

Bischof, Stefan (**Anlagengeschäft**): Gewinnrealisierung im industriellen Anlagengeschäft, Diss. rer. pol., München 1997.

Bittner, Claudia (**Betriebsrentenrecht**): Europäisches und internationales Betriebsrentenrecht, Habilitationsschrift, Tübingen 2000.

Blenkers, Michael/Czisz, Konrad/Gerl, Christian (**Umweltbereich**): Rückstellungen – aktuelle Darstellung in alphabetischer Reihenfolge inkl. Umweltbereich, Kissing 1994.

Böcking, Hans-Joachim (**Verbindlichkeitsbilanzierung**): Verbindlichkeitsbilanzierung, Habilitationsschrift, Wiesbaden 1994.

Böcking, Hans-Joachim (**Betrachtungsweise**): Wirtschaftliche Betrachtungsweise im Bilanzrecht, in: Budde, Wolfgang Dieter/Moxter, Adolf/Offerhaus, Klaus (Hrsg.): Handelsbilanzen und Steuerbilanzen, Festschrift für Heinrich Beisse zum 70. Geburtstag, Düsseldorf 1997, S. 85-103.

Born, Karl (**Rechnungslegung**): Rechnungslegung international – IAS/IFRS im Vergleich mit HGB und US-GAAP, 5. Auflage, Stuttgart 2007.

Borstell, Thomas (**Bilanzrecht**): Aufwandsrückstellungen nach neuem Bilanzrecht, Diss. rer. pol., Köln 1988.

Borstell, Thomas/Schäperclaus, Jens (**Funktion**): Was ist eigentlich eine Funktion?, IStR 2008, S. 275-284.

Brink, Bettina Beate/Tenbusch, Hermann-Josef/Prinz, Markus (**Betriebsprüfung**): Restrukturierungsrückstellungen im Visier der Betriebsprüfung – Erwiderung und Replik zu dem Beitrag von Prinz, DB 2007 S. 353 – , DB 2008, S. 363-367.

Brösel, Gerrit/Mindermann, Torsten (§ 253 HGB): § 253 HGB – Zugangs- und Folgebewertung, in: Petersen, Karl/Zwirner, Christian (Hrsg.): Bilanzrechtsmodernisierungsgesetz – BilMoG – Gesetze, Materialien, Erläuterungen, München 2009, S. 405-423.

Brunner, Werner (Einzelbewertung): Der Grundsatz der Einzelbewertung und die Möglichkeiten seiner Durchbrechung in der Steuerbilanz, Diss. rer. pol., Aschaffenburg 1960.

Buck, Heiko (Jahresabschluss): Die versicherungstechnischen Rückstellungen im Jahresabschluss von Schaden- und Unfallversicherungsunternehmen, Diss. rer. pol., Köln 1995.

Christiansen, Alfred (Erfordernis): Das Erfordernis der wirtschaftlichen Verursachung ungewisser Verbindlichkeiten vor dem Hintergrund der Rechtsprechung des Bundesfinanzhof – Versuch einer kritischen Analyse, BFuP 1994, S. 25-38.

Christiansen, Alfred (Einzelbewertung): Der Grundsatz der Einzelbewertung-Schwerpunkt des bilanziellen Ergebnisausweises, DStZ 1995, S. 385-397.

Christiansen, Alfred (Grundsatz): Zum Grundsatz der Einzelbewertung-insbesondere zur Bildung sogenannter Bewertungseinheiten, DStR 2003, S. 264-268.

Christiansen, Alfred (Passivierung): Passivierung öffentlich-rechtlich normierter Verbindlichkeiten, DStR 2008, S. 735-740.

Clemm, Hermann (Verzinslichkeit): Der Einfluß der Verzinslichkeit auf die Bewertung der Aktiva und Passiva, in: Raupach, Arndt (Hrsg.): Werte und Wertermittlung im Steuerrecht, Köln 1984, S. 219-243.

Clemm, Hermann (Passiva): Abzinsung von Passiva?, StbJb 1987/88, S. 67-89.

Clemm, Hermann (Abzinsung): Abzinsung von umweltschutzbezogenen Rückstellungen?, BB 1993, S. 687-691.

Coenenberg, Adolf G. (Jahresabschluss): Jahresabschluss und Jahresabschlussanalyse, 20. Auflage, Stuttgart 2005.

Daub, Sebastian (**Rückstellungen**): Rückstellungen nach HGB, US GAAP und IAS, Diss. rer. pol., Baden-Baden 2000.

Dauber, Desiree (**Realisationsprinzip**): Das Realisationsprinzip als Grundprinzip der steuerrechtlichen Gewinnermittlung, Diss. iur., Frankfurt am Main 2003.

Dietrich, Jörg (**Bewertungseinheit**): Die Bewertungseinheit im allgemeinen Handelsbilanzrecht, Diss. iur., Frankfurt am Main 1998.

Döllerer, Georg (**Rückstellungen**): Ansatz und Bewertung von Rückstellungen in der neueren Rechtsprechung des Bundesfinanzhofs, DStR 1987, S. 67-72.

Dworschak, Ulf (**Oberflächenrekultivierung**): Landschaft im Wandel – Grundzüge der Oberflächenrekultivierung im Rheinischen Braunkohlenrevier, in: Quade, Horst (Hrsg.): Rohstoffgewinnung und Landschaftsgestaltung, Akademie für Geowissenschaften und Geotechnologien, Hannover 2008, S. 29-34.

Eder, Dieter (**Aufwandsrückstellungen**): Aufwandsrückstellungen nach § 249 Abs. 2 HGB, Diss. rer. pol., Köln 1988.

Eibelshäuser, Manfred (**Bedeutung**): Wirtschaftliche Betrachtungsweise im Steuerrecht – Herkunft und Bedeutung, DStR 2002, S. 1426-1432.

Eifler, Günter (**Grundsätze**): Grundsätze ordnungsmäßiger Bilanzierung für Rückstellungen, Düsseldorf 1976.

Erchinger, Holger/Melcher, Winfried (**Mehrkomponentengeschäfte**): Die Bilanzierung von Mehrkomponentengeschäften, KoR 2009, S. 89-100.

Ernsting, Ingo (**Ausdehnung**): StEntlG: Zur Ausdehnung des Abzinsungsgebots auf Rückstellungen für Sachleistungsverpflichtungen, StuB 1999, S. 457-463.

Euler, Roland (**Gewinnrealisierung**): Grundsätze ordnungsmäßiger Gewinnrealisierung, Diss. rer. pol., Düsseldorf 1989.

Euler, Roland/Engel-Ciric, Dejan (**Rückstellungskriterien**): Rückstellungskriterien im Vergleich – HGB versus IFRS, WPg-Sonderheft 2004, S. 139-154.

Faller, Eberhard (**Einzelerfassung**): Zur Problematik der Zulässigkeit des Abweichens vom Grundsatz der Einzelerfassung und Einzelbewertung im aktienrechtlichen Jahresabschluss, Diss. rer. pol., Pfaffenweiler 1985.

Fatouros, Nikos (**Kehrtwende**): Rückstellungen für ungewisse Verbindlichkeiten – Beginn einer Kehrtwende in der Rechtsprechung, DB 2005, S. 117-124.

Federmann, Rudolf (**Handelsrecht**): Bilanzierung nach Handelsrecht und Steuerrecht, 11. Auflage, Berlin 2000.

Fey, Dirk (**Bilanzrecht**): Imparitätsprinzip und GoB-System im Bilanzrecht 1986, Diss. rer. pol., Berlin 1987.

Förschle, Gerhart/Scheffels, Rolf (**Sicht**): Die Bilanzierung von Umweltschutzmaßnahmen aus bilanztheoretischer Sicht, DB 1993, S. 1197-1203.

Funnemann, Carl-Bernhard (**Erhaltungsaufwendungen**): Herstellungs- und Erhaltungsaufwendungen im Lichte nationaler und internationaler Rechnungslegungsgrundsätze, Diss. rer. pol., Köln 2002.

Fürst, Walter/Angerer, Hans-Peter (**Rechtsprechung**): Die vernünftige kaufmännische Beurteilung in der neuesten Rechtsprechung des BFH bei der Rückstellungsbildung, WPg 1993, S. 425-428.

Gellrich, Kai (**Passivierung**): Konzept der Passivierung ungewisser Verbindlichkeiten in einer eigenständigen Steuerbilanz unter besonderer Beachtung von IAS 37, Diss. rer. pol., Düsseldorf 2008.

Glanegger, Peter (**Wirtschaftsgut**): Bewertungseinheit und einheitliches Wirtschaftsgut, in: Raupach, Arndt/Uelner, Adalbert (Hrsg.): Ertragsbesteuerung, Festschrift für Ludwig Schmidt zum 65. Geburtstag, München 1993, S. 145-160.

Glaschke, Michael (**Umweltschutzmaßnahmen**): Rückstellungen für Umweltschutzmaßnahmen im Bilanzsteuerrecht, StuB 2004, S. 897-903.

Gotthardt, Uwe (**Umweltschutz**): Rückstellungen und Umweltschutz, Diss. rer. pol., Köln 1995.

Grau, Andreas (**Gewinnrealisierung**): Gewinnrealisierung nach International Accounting Standards, Diss. rer. pol., Wiesbaden 2002.

Greinert, Markus (**Verrechnungspreise**): Verrechnungspreise und Funktionsverlagerungen, in: Schaumburg, Harald/Rödder, Thomas (Hrsg.): Unternehmensteuerreform 2008 – Gesetze, Materialien, Erläuterungen, München 2007.

Groh, Manfred (**Wende**): Vor der dynamischen Wende im Bilanzsteuerrecht?, BB 1989, S. 1586-1588.

Groh, Manfred (**Abzinsungsgebot**): Fragen zum Abzinsungsgebot, DB 2007, S. 2275-2280.

Grünberger, David (**IFRS**): IFRS 2008, 6. Auflage, Herne 2008.

Günkel, Manfred/Fenzl, Barbara (**Verlustverrechnung**): Ausgewählte Fragen zum Steuerentlastungsgesetz: Bilanzierung und Verlustverrechnung, DStR 1999, S. 649-660.

Hagemann, Thomas (**Pensionsrückstellungen**): Pensionsrückstellungen – Eine praxisorientierte Einführung in die gutachterliche Methodik der Berechnung von Pensionsrückstellungen, Karlsruhe 2004.

Hahn, Hartmut (**Rückstellungen**): Abzinsung von Rückstellungen für Sachleistungsverbindlichkeiten in der Vermögensaufstellung und in der Ertragsteuerbilanz, in: Institut „Finanzen und Steuern" e.V. (Hrsg.), IFSt-Schrift Nr. 289, Bonn 1990.

Hahn, Hartmut (**Abzinsung**): Zur Abzinsung von Rückstellungen für Sachleistungsverbindlichkeiten – Anruf des Großen Senats geboten?, DStZ 1994, S. 321-331.

Hahn, Klaus (**Bewertung**): Die Bewertung von Rückstellungen mit Hilfe moderner Prognoseverfahren unter Berücksichtigung der Vorschriften des Bilanzrichtlinien-Gesetzes, BB 1986, S. 1325-1332.

Hahne, Klaus (**Entwicklungen**): Neue Entwicklungen bei der Bilanzierung von Bewertungseinheiten in der Steuerbilanz – Zugleich Anmerkungen zum aktuellen Gesetzesvorschlag des Landes Hessen, DStR 2005, S. 843-845.

Happe, Peter (**Grundsätze**): Grundsätze ordnungsmäßiger Buchführung für Swapvereinbarungen, Diss. rer. pol., Düsseldorf 1996.

Happe, Rüdiger (**Verbindlichkeiten**): Die Abzinsung von Verbindlichkeiten und Rückstellungen im Steuerrecht, StuB 2005, S. 618-625.

Hartung, Werner (**Sozialplanrückstellung**): Die Sozialplanrückstellung als Beispiel für die Bilanzierung und Bewertung eines Einzelrisikos, BB 1988, S. 1421-1426.

Hartung, Werner (**Jubiläumsrückstellungen**): Zur Bewertung von Jubiläumsrückstellungen, BB 1989, S. 736-745.

Heddäus, Birgit (**Grundsätze**): Handelsrechtliche Grundsätze ordnungsmäßiger Bilanzierung für Drohverlustrückstellungen, Diss. rer. pol., Düsseldorf 1997.

Heining, Bernd (**Ausland**): Funktionsverlagerung ins Ausland, Diss. rer. pol., Köln 2009.

Herzig, Norbert (**Verbindlichkeiten**): Rückstellungen für Verbindlichkeiten aus Arbeitsverhältnissen, in: Curtius-Hartung, Rudolf/Herzig, Norbert/Niemann, Ursula (Hrsg.): StbJb 1985/86, Köln 1986, S. 61-112.

Herzig, Norbert (**Ganzheitsbetrachtung**): Bilanzrechtliche Ganzheitsbetrachtung und Rückstellung bei Dauerrechtsverhältnissen, ZfB 1988, S. 212-223.

Herzig, Norbert (**Umweltschutz**): Rückstellungen wegen öffentlich-rechtlicher Verpflichtungen, insbesondere Umweltschutz, DB 1990, S. 1341-1354.

Herzig, Norbert (**Risikovorsorge**): Rückstellungen als Instrument der Risikovorsorge in der Steuerbilanz – Ausgewählte Fragen zur Bilanzierung von Rückstellungen, in: Doralt, Werner (Hrsg.): Probleme des Steuerbilanzrechts, DStJG Band 14, Köln 1991, S. 199-230.

Herzig, Norbert (**Wirkung**): Die rückstellungsbegrenzende Wirkung des Realisationsprinzips, in: Raupach, Arndt/Uelner, Adalbert (Hrsg.): Ertragsbesteuerung, Festschrift für Ludwig Schmidt zum 65. Geburtstag, München 1993, S. 209-226.

Herzig, Norbert (**Drohverlustrückstellungen**): Drohverlustrückstellungen für wirtschaftlich ausgewogene Geschäfte?, DB 1994, S. 1429-1432.

Herzig, Norbert (**Umweltschutzbilanzierung**): Das Magische Dreieck der Umweltschutzbilanzierung, in: Ballwieser, Wolfgang/Böcking, Hans-Joachim/ Drukarczyk, Jochen/Schmidt, Reinhard H. (Hrsg.): Bilanzrecht und Kapitalmarkt, Festschrift für Adolf Moxter zum 65. Geburtstag, Düsseldorf 1994, S. 227-255.

Herzig, Norbert (**Derivatebilanzierung**): Derivatebilanzierung und GoB-System, in: Fischer, Thomas R./Hömberg, Reinhold (Hrsg.): Jahresabschluß und Jahresabschlußprüfung – Probleme, Perspektiven, internationale Einflüsse, Festschrift für Jörg Baetge zum 60. Geburtstag, Düsseldorf 1997, S. 37-63.

Herzig, Norbert (**Gewinnermittlung**): IAS/IFRS und steuerliche Gewinnermittlung – Eigenständige Steuerbilanz und modifizierte Überschussrechnung – Gutachten für das Bundesfinanzministerium, Düsseldorf 2004.

Herzig, Norbert (**Regierungsentwurf**): Steuerliche Konsequenzen des Regierungsentwurfs zum BilMoG, DB 2008, S. 1339-1345.

Herzig, Norbert/Bohn, Alexander (**Rückstellungspflichten**): Rückstellungspflichten aus den ERA-Einführungstarifverträgen in der Metall- und Elektroindustrie, BB 2006, S. 1551-1562.

Herzig, Norbert/Briesemeister, Simone (**Einheitsbilanz**): Das Ende der Einheitsbilanz, DB 2009, S. 1-11.

Herzig, Norbert/Briesemeister, Simone (**Konsequenzen**): Steuerliche Konsequenzen der Bilanzrechtsmodernisierung für Ansatz und Bewertung, DB 2009, S. 976-982.

Herzig, Norbert/Hötzel, Oliver (**Produkthaftung**): Rückstellungen wegen Produkthaftung, BB 1991, S. 99-104.

Herzig, Norbert/Rieck, Ulrich (**Abgrenzung**): Abgrenzung des Saldierungsbereiches bei Rückstellungen für drohende Verluste aus schwebenden Geschäften, Stbg 1995, S. 529-542.

Herzig, Norbert/Rieck, Ulrich (**Saldierungsbereich**): Saldierungsbereich bei Drohverlustrückstellungen im Gefolge der Apothekerentscheidung, DB 1997, S. 1881-1885.

Heuser, Paul J./Theile, Carsten (**IFRS-Handbuch**): IFRS-Handbuch – Einzel- und Konzernabschluss, 3. Auflage, Köln 2007.

Heyden von der, Daniel/Körner, Werner (**Bilanzsteuerrecht**): Bilanzsteuerrecht in der Praxis, 6. Auflage, Herne/Berlin 1981.

Hoffmann, Wolf-Dieter (**Konzernverbund**): Abzinsung von Verbindlichkeiten und Rückstellungen im Konzernverbund, GmbHR 2005, S. 972-975.

Hommel, Michael/Schulte, Oliver (**Fast-Close-Abschlüsse**): Schätzungen von Rückstellungen in Fast-Close-Abschlüssen, BB 2004, S. 1671-1678.

Husemann, Walter/Hofer, Heinz (**Abschaffung**): Die Abschaffung der Aufwandsrückstellungen nach dem BilMoG-RegE, DB 2008, S. 2661-2666.

IDW (**Entwurf**): IDW Stellungnahme: Steuerfachausschuss – Entwurf eines Steuerentlastungsgesetzes 1999/2000/2002, in: WPg 1999, S. 293-294.

Jensen-Nissen, Lars (**IAS 32**): IAS 32/IAS 39 und steuerliche Gewinnermittlung, Diss. rer. pol., Wiesbaden 2007.

Jüttner, Uwe (**GoB-System**): GoB-System, Einzelbewertungsgrundsatz und Imparitätsprinzip, in: Ballwieser, Wolfgang/Ordelheide, Dieter (Hrsg.), Betriebswirtschaftliche Studien Rechnungs- und Finanzwesen, Organisation und Institution, Band 18, Diss. rer. pol., Frankfurt am Main 1993.

Kaiser, Stephan (**Rückstellungsbilanzierung**): Rückstellungsbilanzierung, Diss. rer. pol., Wiesbaden 2008.

Karrenbrock, Holger (**Abzinsung**): Zum Saldierungsbereich und zur Abzinsung von Drohverlustrückstellungen, WPg 1994, S. 97-103.

Kayser, Marc (**Bewertung**): Ansatz und Bewertung von Rückstellungen nach HGB, US- GAAP und IAS, Diss. rer. pol., Aachen 2002.

Kemper, Nicolas/Beyschlag, Georg (**Personengesellschaft**): Abkehr von der Maßgeblichkeit- Änderungen des Bilanzsteuerrechts und ihre Auswirkungen auf die Personengesellschaft, DStR 1999, S. 737-742.

Kessler, Harald (**Dauerschuldverhältnisse**): Rückstellungen und Dauerschuldverhältnisse – Neue Ansätze zur Lösung aktueller Passivierungsfragen der Handels- und Steuerbilanz, in: Küting, Karlheinz/Wöhe, Günter (Hrsg.), Schriften zur Bilanz- und Steuerlehre, Band 13, Stuttgart 1992.

Kessler, Harald/Ranker, Daniel (**Gewährleistungsverpflichtungen**): Zur Bemessung von Rückstellungen für Gewährleistungsverpflichtungen, StuB 2001, S. 325-330.

Klaholz, Thomas (**Wiederherstellungsverpflichtungen**): Rückbau- und Wiederherstellungsverpflichtungen im IFRS- Abschluss, Diss. rer. pol., Düsseldorf 2005.

Klingels, Bernd (**IAS 36**): Die cash generating unit nach IAS 36 im IFRS-Jahresabschluss, Diss. rer. pol., Berlin 2005.

Knobbe-Keuk, Brigitte (**Unternehmenssteuerrecht**): Bilanz- und Unternehmenssteuerrecht, 9. Auflage, Köln 1993.

Kohl, Steffen (**Aufträge**): Gewinnrealisierung bei langfristigen Aufträgen, Diss. rer. pol., Düsseldorf 1994.

Köhler, Roland (**Rückzahlungsverpflichtung**): Die Unterscheidung und Abgrenzung zwischen Verbindlichkeit und Rückstellung, dargestellt am Beispiel der Rückzahlungsverpflichtung für Leihemballagen in der Getränkeindustrie, StBp 2004, S. 121-125.

Köhler, Roland (**Gestaltungsmöglichkeiten**): Bilanzpolitische Gestaltungsmöglichkeiten im Hinblick auf den Grundsatz der Einzelbewertung, StBp 2009, S. 9-16.

Köhler, Roland (**Bilanzpolitik**): Bilanzpolitische Gestaltungsmöglichkeiten – Beispielhafte Darstellung von sachverhaltsgestaltenden Instrumenten der Bilanzpolitik, StBp 2009, S. 103-110.

Köhlmann, Sarah (**Entsorgungsverpflichtungen**): Die Abbildung von nuklearen Entsorgungsverpflichtungen in IFRS- Abschlüssen, Diss. rer. pol., Wiesbaden 2008.

Koths, Daniel (**Fragen**): Ausgewählte Fragen zum neuen Rückstellungsrecht, in: Herzig, Norbert/Günkel, Manfred/Niemann, Ursula (Hrsg.): StbJb 1999/2000, Köln 2000, S. 249-266.

Koths, Daniel (**Abzinsung**): Abzinsung von Verbindlichkeiten und Rückstellungen, in: Herzig, Norbert/Günkel, Manfred/Niemann, Ursula (Hrsg.): StbJb 2000/2001, Köln 2001, S. 267-280.

Krieger, Albrecht (**Handelsbilanz**): Der Grundsatz der Maßgeblichkeit der Handelsbilanz für die steuerrechtliche Gewinnermittlung, in: Knobbe-Keuk, Brigitte/Klein, Franz/Moxter, Adolf (Hrsg.): Handelsrecht und Steuerrecht, Festschrift für Georg Döllerer, Düsseldorf 1988, S. 327-347.

Kuhner, Christoph (**Willkürfreiheit**): Das Spannungsverhältnis zwischen Einzelfallgerechtigkeit und Willkürfreiheit – im Recht und in der Rechnungslegung, BFuP 2001, S. 523-542.

Künkele, Kai Peter (**Aufwandsrückstellungen**): § 249 HGB – Wegfall bestimmter Aufwandsrückstellungen, in: Petersen, Karl/Zwirner, Christian (Hrsg.): Bilanzrechtsmodernisierungsgesetz – BilMoG – Gesetze, Materialien, Erläuterungen, München 2009, S. 395-398.

Künkele, Kai Peter (**Wegfall**): Wegfall der umgekehrten Maßgeblichkeit, in: Petersen, Karl/Zwirner, Christian (Hrsg.): Bilanzrechtsmodernisierungsgesetz – BilMoG – Gesetze, Materialien, Erläuterungen, München 2009, S. 605-608.

Kupsch, Peter (**Imparitätsprinzip**): Zum Verhältnis von Einzelbewertungsprinzip und Imparitätsprinzip, in: Moxter, Adolf/Müller, Hans-Peter/Windmöller, Rolf/v. Wysocki, Klaus (Hrsg.): Rechnungslegung – Entwicklungen bei Bilanzierung und Prüfung von Kapitalgesellschaften, Festschrift für Karl-Heinz Forster zum 65. Geburtstag, Düsseldorf 1992, S. 339-357.

Kupsch, Peter (**Abgrenzung**): Abgrenzung der Bewertungseinheit in Handels- und Steuerbilanz, in: Herzig, Norbert/Günkel, Manfred/Niemann, Ursula (Hrsg.): StbJb 1994/1995, S. 131-155.

Küting, Karlheinz/Kessler, Harald (**Rückstellungsrecht**): Zur geplanten Reform des bilanzsteuerlichen Rückstellungsrechts nach dem Entwurf eines Steuerentlastungsgesetzes 1999-2000-2002, DStR 1998, S. 1937-1946.

Küting, Karlheinz/Ranker, Daniel (**Umsetzung**): Umsetzung des Komponentenansatzes bei Immobilien in der IFRS-Bilanzierung, DB 2008, S. 753-758.

Küting, Karlheinz/Cassel, Jochen/Metz, Christian (**Recht**): Die Bewertung von Rückstellungen nach neuem Recht, DB 2008, S. 2317-2324.

Lange, Hans-Friedrich (**Umsatzbesteuerung**): Umsatzbesteuerung von Leistungsbündeln – Mehrheit von Leistungen oder einheitliche Leistung? – UR 2009, S. 289-301.

Lauerwald, Uwe (**Prüfung**): Die Bilanzierung und Prüfung von behebungspflichtigen und nicht behebungspflichtigen ökologischen Lasten, Diss. rer. pol., Lohmar/Köln 2001.

Leffson, Ulrich (**Grundsätze**): Die Grundsätze ordnungsmäßiger Buchführung, 7. Auflage, Düsseldorf 1987.

Lüdenbach, Norbert (**Rückbauverpflichtungen**): Rückbauverpflichtungen nach internationaler Rechnungslegung und deutschem Bilanzrecht: Praktische Unterschiede und kritischer Rechtsvergleich, BB 2003, S. 835-840.

Marx, Franz Jürgen/Köhlmann, Sarah (**Bilanzierung**): Bilanzierung von Entsorgungsverpflichtungen nach HGB und IFRS – Grundlagen, empirische Bedeutung und bilanzielle Abbildungslösungen, StuB 2005, S. 653-659.

Marx, Franz Jürgen/Köhlmann, Sarah (**Analyse**): Bilanzierung von Entsorgungsverpflichtungen nach HGB und IFRS – Vergleichende Analyse der Abbildung von Altlastensanierungen, Abfallentsorgungen sowie Rekultivierung und Stilllegung von Anlagen, StuB 2005, S. 693-702.

Mayr, Gunter **(Rückstellungen):** Rückstellungen in der Handels- und Steuerbilanz, Habilitationsschrift, Wien 2004.

Mellwig, Winfried/Hastedt, Uwe-Peter **(Gewinnrealisation):** Gewinnrealisation bei Unbestimmbarkeit der Gegenleistung – dargestellt am Beispiel des Wärmelieferungsvertrags, DB 1992, S. 1589-1592.

Meurer, Ingetraut **(Maßgeblichkeitsgrundsatz):** Der Maßgeblichkeitsgrundsatz im BilMoG, FR 2009, S. 117-120.

Meyer, Claus **(Modernisierung):** Gesetz zur Modernisierung des Bilanzrechts (Bilanzrechtsmodernisierungsgesetz - BilMoG) – die wesentlichen Änderungen, DStR 2009, S. 762-768.

Molkenbur, Josef/Schulte, Wienhold **(Interessenausgleich):** Rechtscharakter und –wirkungen des Interessenausgleichs, DB 1995, S. 269-271.

Moxter, Adolf **(Gewinnermittlung):** Betriebswirtschaftliche Gewinnermittlung, Tübingen 1982.

Moxter, Adolf **(Realisationsprinzip):** Das Realisationsprinzip- 1884 und heute, BB 1984, S. 1780-1786.

Moxter, Adolf **(Bilanz):** Periodengerechte Gewinnermittlung und Bilanz im Rechtssinne, in: Knobbe-Keuk, Brigitte/Klein, Franz/Moxter, Adolf (Hrsg.): Handelsrecht und Steuerrecht, Festschrift für Georg Döllerer, Düsseldorf 1988, S. 447-458.

Moxter, Adolf **(Höchstwertprinzip):** Rückstellungen für ungewisse Verbindlichkeiten und Höchstwertprinzip, BB 1989, S. 945-949.

Moxter, Adolf **(Drohverlustrückstellungen):** Saldierungs- und Abzinsungsprobleme bei Drohverlustrückstellungen, BB 1993, S. 2481-2485.

Moxter, Adolf **(Pauschalrückstellungen):** Pauschalrückstellungen in der Steuerbilanz unzulässig?, DB 1998, S. 269-272.

Moxter, Adolf **(Abweichungen):** Rückstellungen nach IAS: Abweichungen vom geltenden deutschen Bilanzrecht, BB 1999, S. 519-525.

Moxter, Adolf (**Rechnungslegung**): Grundsätze ordnungsgemäßer Rechnungslegung, Düsseldorf 2003.

Mujkanovic, Robin (**Grundstücke**): Einzelbewertung bei bebauten Grundstücken nach HGB vor dem Hintergrund des BilMoG und nach IFRS, DB 2008, S. 649-655.

Naumann, Klaus-Peter (**Bewertung**): Die Bewertung von Rückstellungen in der Einzelbilanz nach Handels- und Ertragsteuerrecht, Diss. rer. pol., Düsseldorf 1989.

Naumann, Thomas (**Banken**): Bewertungseinheiten im Gewinnermittlungsrecht der Banken, Diss. rer. pol., Düsseldorf 1995.

Niemann, Ursula (**Rekultivierungsrückstellungen**): Rechtsprechung des BFH zur Bemessung von Rekultivierungsrückstellungen, in: Institut „Finanzen und Steuern" e.V. (Hrsg.), IFSt-Schrift Nr. 294, Bonn 1990.

Niemann, Ursula (**Bildung**): Rückstellungen, Rücklagen, Rechnungsabgrenzung - Zur Bildung und Bewertung von Rückstellungen nach dem Steuerentlastungsgesetz 1999/2000/2002, in: Institut „Finanzen und Steuern" e.V. (Hrsg.), IFSt-Schrift Nr. 380, Bonn 2000.

Niemann, Ursula (**Anerkennung**): Zur steuerrechtlichen Anerkennung von Rückstellungen für Dienstjubiläen, in: Institut „Finanzen und Steuern" e.V. (Hrsg.), IFSt-Schrift Nr. 442, Bonn 2007.

Olbrich, Thomas (**Abgrenzung**): Abgrenzung bilanzieller Bewertungseinheiten, in: Baetge, Jörg/Börner, Dietrich/Forster, Karl-Heinz/Schruff, Lothar (Hrsg.): Rechnungslegung, Prüfung und Beratung – Herausforderungen für den Wirtschaftsprüfer, Festschrift für Rainer Ludewig zum 70. Geburtstag, Düsseldorf 1996, S. 753-779.

Oldenburger, Iris (**Pensionsgeschäfte**): Die Bilanzierung von Pensionsgeschäften nach HGB, US-GAAP und IAS, Diss. rer. pol., Wiesbaden 2000.

Patek, Guido (**Sicherungszusammenhänge**): Steuerbilanzielle Behandlung von Sicherungszusammenhängen, FR 2006, S. 714-721.

Pellens, Bernhard/Fülbier, Rolf Uwe/Gassen, Joachim/Sellhorn, Thorsten (**Rechnungslegung**): Internationale Rechnungslegung, 7. Auflage, Stuttgart 2008

Perlet, Helmut/Baumgärtel, Martina (**Pauschalbewertung**): Zur Bedeutung der Pauschalbewertung bei Rückstellungen für ungewisse Verbindlichkeiten, in: Budde, Wolfgang Dieter/Moxter, Adolf/Offerhaus, Klaus (Hrsg.): Handelsbilanzen und Steuerbilanzen, Festschrift für Heinrich Beisse zum 70. Geburtstag, Düsseldorf 1997, S. 389-401.

Petersen, Karl/Zwirner, Christian (**BilMoG**): Bilanzrechtsmodernisierungsgesetz-BilMoG – Gesetze, Materialien, Erläuterungen, München 2009.

Petersen, Karl/Zwirner, Christian/Künkele, Kai Peter (**Rückstellungen**): Rückstellungen nach BilMoG, StuB 2008, S. 693-699.

Petersen, Karl/Zwirner, Christian/Froschhammer, Matthias (**Bewertungseinheiten**): Die Bilanzierung von Bewertungseinheiten nach § 254 HGB, StuB 2009, S. 449-456.

Philipp, Caroline/Rüth, Henning H. (**Umsatzsteuer**): Umsatzsteuer – Grenzüberschreitende Leistungen in der Praxis, Wiesbaden 2008.

Pilhofer, Jochen (**Vergleich**): Rückstellungen im internationalen Vergleich – Bilanzierung und Bewertung nach HGB, US-GAAP und IAS, Wiesbaden 1997.

Pilhofer, Jochen (**Gewinnrealisierung**): Umsatz- und Gewinnrealisierung im internationalen Vergleich – Bilanzpolitische Gestaltungsmöglichkeiten nach HGB, US-GAAP und IFRS, Herne/Berlin 2002.

Prinz, Markus (**Visier**): Restrukturierungsrückstellungen im Visier der Betriebsprüfung – Gefährdungspotenziale für eine zeitgerechte und vollständige Bilanzierung von Sozialplanverpflichtungen – , DB 2007, S. 353-358.

Prinz, Markus (**BilMoG**): Bilanzierung von Rückstellungen nach dem BilMoG, BBK Fach 12, 2008, S. 7049-7058.

Ranker, Daniel (**Immobilienbewertung**): Immobilienbewertung nach HGB und IFRS, Diss. rer. pol., Berlin 2006.

Reuter, Dirk (**Steuerentlastungsgesetz**): Die Bewertung von Rückstellungen in der Handels- und Steuerbilanz nach dem Steuerentlastungsgesetz 1999/2000/2002, Diss. iur., Lohmar/Köln 2007.

Roser, Frank/Tesch, Beate/Seemann, Torsten (**Abzinsung**): Grundsätze der Abzinsung von Rückstellungen – Anwendungsfragen zum Steuerentlastungsgesetz 1999/2000/2002, FR 1999, S. 1345-1350.

Roß, Norbert/Seidler, Holger (**Altautorücknahme**): Rückstellungen für Altautorücknahme und –entsorgung, BB 1999, S. 1258-1265.

Rüdinger, Andreas (**Regelungsschärfe**): Regelungsschärfe bei Rückstellungen – Normkonkretisierung und Anwendungsermessen nach GoB, IAS/IFRS und US-GAAP, in: Böcking, Hans-Joachim/Hommel, Michael (Hrsg.): Rechnungswesen und Unternehmensüberwachung, Diss. rer. pol., Wiesbaden 2004.

Rudolf, Andreas (**Fertigung**): Rechnungslegung der langfristigen Fertigung, Diss. rer. pol., Zürich 1996.

Rupp, Friedrich (**Gesetzestatbestand**): Der Gesetzestatbestand der Rückstellungen im Bilanzsteuerrecht, Diss. iur., Frankfurt am Main 1991.

Scheffler, Wolfram (**Bemessungsgrundlage**): Verbreiterung der Bemessungsgrundlage: Was bleibt von Rückstellungen in der Steuerbilanz?, StuB 2000, S. 541-548.

Schick, Rainer (**Optionsgeschäfte**): Die Besteuerung von Optionsgeschäften, Diss. iur., Köln 1998.

Schiersmann, Bert (**Bewertungseinheiten**): Die Zulässigkeit von Bewertungseinheiten in der Handelsbilanz (Teil I), DStR 1997, S. 714-720.

Schmidt, Ludwig (**EStG**): Einkommensteuergesetz Kommentar, 27. Auflage, München 2008.

Schmidt, Martin (**BilMoG**): Bewertungseinheiten nach dem BilMoG, BB 2009, S. 882-886.

Schneider, Dieter (**Skalpierung**): Abbau von Steuervergünstigungen durch Skalpierung der Maßgeblichkeit und Verlustverrechnung als „Stärkung der Investitionskraft"?, DB 1999, S. 105-110.

Schnettler, Albert (**Bewertungseinheit**): Der Grundsatz der Bewertungseinheit im Steuerrecht, Diss. rer. pol., Bergisch Gladbach 1927.

Schön, Wolfgang (**Bundesfinanzhof**): Der Bundesfinanzhof und die Rückstellungen – Eine Analyse der Rechtsprechung seit Inkrafttreten des Bilanzrichtlinien-Gesetzes, BB 1994, Beilage 9 zu Heft 15/1994, S. 1-16.

Schrader, Peter (**Gleichbehandlungsgrundsatz**): Der arbeitsrechtliche Gleichbehandlungsgrundsatz im Sozialplan, DB 1997, S. 1714-1719.

Schrimpf-Dörges, Claudia E. (**Umweltschutzverpflichtungen**): Umweltschutzverpflichtungen in der Rechnungslegung nach HGB und IFRS, Diss. rer. pol., Wiesbaden 2007.

Schroeder, Uwe (**Steuerbilanz**): Abzinsung von Rückstellungen und Verbindlichkeiten in der Steuerbilanz, Diss. iur., Bergisch-Gladbach/Köln 1990.

Schubert, Daniela (**Ansatz**): Der Ansatz von gewissen und ungewissen Verbindlichkeiten in der HGB-Bilanz, Diss. iur., Düsseldorf 2007.

Schulze-Osterloh, Joachim (**Reform**): Rückzahlungsbetrag und Abzinsung von Rückstellungen und Verbindlichkeiten- Überlegungen zur Reform des HGB-Bilanzrechts, BB 2003, S 351-355.

Sessar, Christopher (**Gewinnrealisierung**): Grundsätze ordnungsmäßiger Gewinnrealisierung im deutschen Bilanzrecht, Diss. rer. pol., Düsseldorf 2007.

Siegel, Theodor (**Kriterium**): Unentziehbarkeit als zentrales Kriterium für den Ansatz von Rückstellungen, DStR 2002, S. 1192-1196.

Siegel, Theodor (**Einzelbewertungsprinzip**): Rückkaufverpflichtungen und Einzelbewertungsprinzip, StuB 2005, S. 359-360.

Siegel, Theodor (**Realisationsprinzip**): Rückstellungen, Realisationsprinzip und Rechtsprechung, in: Altenburger, Otto A. (Hrsg.): Reformbedarf bei der Abschlussprüfung- umstrittene Rückstellungen, Wien 2005, S. 97-118.

Staufenbiel, Peter (**Sozialplan**): Der Sozialplan – Entwicklungen und Neuerungen durch Gesetzgebung, Rechtsprechung und Praxis – , Diss. iur., Göttingen 2004.

Steinlehner-Stelzner, Birgit (**Teilleistung**): Die Teilleistung (§ 266 BGB), Diss. iur., München 1984.

Tehler, Hermann-Josef (**Nebenleistung**): „Nebenleistung" ist nicht gleich „Nebenleistung" – der EuGH verwendet einen anderen Begriff der „Nebenleistung" als die nationale Rechtspraxis – , UVR 2009, S. 261-266.

Theile, Carsten/Stahnke, Melanie (**Regierungsentwurf**): Bilanzierung sonstiger Rückstellungen nach dem BilMoG- Regierungsentwurf, DB 2008, S. 1757-1760.

Tipke, Klaus/Lang, Joachim (**Steuerrecht**): Steuerrecht, 19. Auflage, Köln 2008.

Tomicic, Stefan (**Sozialplan**): Interessenausgleich und Sozialplan im Konzern, Diss. iur., München 1981.

Unkelbach, Philipp (**Umsatzrealisation**): Umsatzrealisation bei Mehrkomponentengeschäften – was bringt der Blick in die Umsatzsteuer?, PiR 2009, S. 267-271.

Weber, Roland (**Leistungsbündel**): Leistungsbündel als Angebotsform für konsumentengerichtete Technologiegüter, Diss. rer. pol., Erlangen-Nürnberg 2005.

Weber-Grellet, Heinrich (**Zins**): Zeit und Zins im Bilanzsteuerrecht, in: Raupach, Arndt/Uelner, Adalbert (Hrsg.): Ertragsbesteuerung, Festschrift für Ludwig Schmidt zum 65. Geburtstag, München 1993, S. 161-176.

Weber-Grellet, Heinrich (**Rechtsprechung**): Realisationsprinzip und Rückstellungen unter Berücksichtigung der neueren Rechtsprechung, DStR 1996, S. 896-908.

Weber-Grellet, Heinrich (**Konsequenzen**): Der Apotheker-Fall – Anmerkungen und Konsequenzen zum Beschluss des großen Senats vom 23.6.1997 (GrS 2/931), DB 1997, S. 2233-2238.

Weber-Grellet, Heinrich (**Apotheker-Fall**): Der Apotheker-Fall – Neue Entwicklungen im Bilanzsteuerrecht, in: Herzig, Norbert/Günkel, Manfred/Niemann, Ursula (Hrsg.): StbJb 1997/98, Köln 1998, S. 275-307.

Weber-Grellet, Heinrich (**Gewinnermittlungsvorschriften**): Die Gewinnermittlungsvorschriften des Steuerentlastungsgesetzes 1999/2000/2002 - Ein Fortschritt?, DB 2000, S. 165-169.

Weber-Grellet, Heinrich (**Prüfstand**): BFH-Rechtsprechung zu Rückstellungen auf dem Prüfstand, in: Herzig, Norbert/Günkel, Manfred/Niemann, Ursula (Hrsg.): StbJb 2002/2003, Köln 2003, S. 241-273.

Weigl, Roland/Weber, Hans-Georg/Costa, Martin (**Bilanzierung**): Bilanzierung von Rückstellungen nach dem BilMoG, BB 2009, S. 1062-1066.

Welker, Felix (**Altersvermögensgesetz**): Das Altersvermögensgesetz und seine Konsequenzen für die betriebliche Altersversorgung, Diss. iur., Wiesbaden 2005.

Wengel, Torsten (**IFRS**): IFRS kompakt, München 2007.

Wiedmann, Harald (**Bewertungseinheit**): Die Bewertungseinheit im Handelsrecht, in: Ballwieser, Wolfgang/Böcking, Hans-Joachim/Drukarczyk, Jochen/ Schmidt, Reinhard H. (Hrsg.): Bilanzrecht und Kapitalmarkt, Festschrift für Adolf Moxter zum 65. Geburtstag, Düsseldorf 1994, S. 453-482..

Wittmann, Waldemar (**Unternehmung**): Unternehmung und unvollkommene Information – Unternehmerische Voraussicht – Ungewissheit und Planung, Köln/ Opladen 1959.

Woerner, Lothar (**Verbindlichkeitsrückstellungen**): Zeitpunkt der Passivierung von Schulden und Verbindlichkeitsrückstellungen – Problematik der „wirtschaftlichen Verursachung" – , in: Ballwieser, Wolfgang/Böcking, Hans-Joachim/Drukarczyk, Jochen/ Schmidt, Reinhard H. (Hrsg.): Bilanzrecht und Kapitalmarkt, Festschrift für Adolf Moxter zum 65. Geburtstag, Düsseldorf 1994, S. 483-506.

Wolter, Hartmut/Pitzal, Christian **(Funktionsverlagerung)**: Der Begriff der „Funktion" in den neuen Regelungen zur Funktionsverlagerung in § 1 Abs. 3 AStG, IStR 2008, S. 793-800.

Wünsche, Benedikt **(Verbindlichkeitsrückstellungen)**: Verbindlichkeitsrückstellungen im IFRS- Abschluss, Diss. rer. pol., Düsseldorf 2009.

Zerhusen, Jörg **(Altlastensanierungsverpflichtungen)**: Rückstellungen in der Steuerbilanz für öffentlich-rechtliche Altlastensanierungsverpflichtungen, Diss. iur., Rheinfelden/Berlin 1993.

Zöbeli, Daniel **(Rückstellungen)**: Rückstellungen in der Rechnungslegung, Diss. rer. pol., Freiburg 2003.

Zülch, Henning/Hoffmann, Sebastian **(Einheiten)**: Zahlungsmittelgenerierende Einheiten im deutschen Handelsrecht und die Bedeutung des Einzelbewertungsgrundsatzes, StuB 2008, S. 45-50.

Zülch, Henning/Hoffmann, Sebastian **(Neuregelungen)**: Die Modernisierung des deutschen Handelsbilanzrechts durch das BilMoG: Wesentliche Alt- und Neuregelungen im Überblick, DB 2009, S. 745-752.

Rechtsquellenverzeichnis

I. Gesetze

Betriebsverfassungsgesetz (BetrVG) in der Fassung der Bekanntmachung vom 25.09.2001 (BGBl. I 2001, S. 2518) zuletzt geändert durch das Gesetz zur Errichtung eines Bundesaufsichtsamtes für Flugsicherung und zur Änderung und Anpassung weiterer Vorschriften vom 29.07.2009, BGBl. I 2009, S. 2424-2432.

Bundesberggesetz (BBergG) in der Fassung vom 13.08.1980 (BGBl. I 1980, S. 1310) zuletzt geändert durch das Gesetz zur Neuregelung des Wasserrechts vom 31.07.2009, BGBl. I 2009, S. 2585-2621.

Bürgerliches Gesetzbuch (BGB) in der Fassung der Bekanntmachung vom 02.01.2002 (BGBl. I 2002, S. 42-45, ber. S. 2909, erneut ber. BGBl. I 2003, S. 738) zuletzt geändert durch das Gesetz zur Begrenzung der Haftung von ehrenamtlich tätigen Vereinsvorständen vom 28.09.2009, BGBl. I 2009, S. 3161.

Bilanzrechtsmodernisierungsgesetz (BilMoG) vom 25.05.2009, BGBl. I 2009, S. 1102-1137.

Einkommensteuergesetz (EStG) in der Fassung der Bekanntmachung vom 08.10.2009, BGBl. I 2009, S. 3366-3533.

Handelsgesetzbuch (HGB) in der Fassung vom 10.05.1897 (RGBl. S. 219, ber. BGBl. III, Gliederungsnummer 4100-1), zuletzt geändert durch das Gesetz zur Neuregelung der Rechtsverhältnisse bei Schuldverschreibungen aus Gesamtemissionen und zur verbesserten Durchsetzbarkeit von Ansprüchen von Anlegern aus Falschberatung vom 31.07.2009, BGBl. I 2009, S. 2512-2520.

Steuerentlastungsgesetz 1999/2000/2002 (StEntlG) vom 24.03.1999, BStBl. I 1999, S. 304-398.

II. Gesetzesentwürfe und –materialien

Entwurf eines Steuerentlastungsgesetzes 1999/2000/2002 der Fraktionen SPD und BÜNDNIS 90/DIE GRÜNEN, Bundestags-Drucksache 14/23 vom 09.11.1998.

Entwurf eines Steuerentlastungsgesetzes 1999/2000/2002, Bundestags-Drucksache 14/265 vom 13.01.1999.

Dritter Bericht des Finanzausschusses (7. Ausschuss) zu dem Entwurf eines Steuerentlastungsgesetzes 1999/2000/2002 der Fraktionen SPD und BÜNDNIS 90/DIE GRÜNEN, Bundestags-Drucksache 14/443 vom 03.03.1999.

Entwurf eines Gesetzes zur Modernisierung des Bilanzrechts (Bilanzrechtsmodernisierungsgesetz – BilMoG), Bundestags-Drucksache 16/10067 vom 30.07.2008.

III. IAS/IFRS

IFRS – International Financial Reporting Standards (IFRSs) including International Accounting Standards (IASs) and Interpretations, International Accounting Standards Board.

Richtlinien und Verwaltungsanweisungen

I. EG-Richtlinien

Vierte EG-Bilanzrichtlinie vom 25.07.1978. Vierte Richtlinie 78/660/EWG des Rates vom 25.07.1978 aufgrund von Artikel 54 Abs. 3 lit. g des Vertrages über den Jahresabschluss von Gesellschaften bestimmter Rechtsform, ABlEG 1978, S. L 222-11-l 222/31.

II. BMF-Schreiben

Behörde	Datum	Aktenzeichen	Fundstelle
BMF	02.05.1977	IV B 2 – S 2137 – 13/77	BStBl. I 1977, S. 280
BMF	09.12.1999	IV C 2 – S 2175 – 30/99	BStBl. I 1999, S. 1127 ff.

III. Richtlinien

Einkommensteuer-Richtlinien 2005 (EStR 2005) – Allgemeine Verwaltungsvorschrift zur Anwendung des Einkommensteuerrechts vom 16.12.2005 (BStBl. I, Sondernummer 1/2005 S. 3) geändert durch Verwaltungsvorschrift vom 18.12.2008, BStBl. I 2008, S. 1017.

Rechtsprechungsverzeichnis

I. Europäischer Gerichtshof

Gericht	Datum	Aktenzeichen	Fundstelle
EuGH	14.09.1999	C – 275/97 DE + ES Bauunternehmung GmbH ./. Finanzamt Bergheim	Slg. 1999, S. I-5331 ff.

II. Bundesfinanzhof

Gericht	Datum	Aktenzeichen	Fundstelle
BFH	17.01.1963	IV 165/59 S	BStBl. III 1963, S. 237 ff.
BFH	16.09.1970	I R 184/67 (V)	BStBl. II 1971, S. 85 ff.
BFH	26.11.1973	GrS 5/71	BStBl. II 1974, S. 132 ff.
BFH	19.02.1975	I R 28/73	BStBl. II 1975, S. 480 ff.
BFH	19.05.1983	IV R 205/79	BStBl. II 1983, S. 670 ff.
BFH	05.02.1987	IV R 81/84	BStBl. II 1987, S. 845 ff.
BFH	19.05.1987	VIII R 327/83	BStBl. II 1987, S. 848 ff.
BFH	28.09.1990	III R 178/86	BStBl. II 1991, S. 187 ff.
BFH	03.12.1991	VIII R 88/87	BStBl. II 1992, S. 92 ff.

Gericht	Datum	Aktenzeichen	Fundstelle
BFH	03.02.1993	I R 37/91	BStBl. II 1993, S. 441 ff.
BFH	17.02.1993	X R 60/89	BStBl. II 1993, S. 437 ff.
BFH	19.10.1993	VIII R 14/92	BStBl. II 1993, S. 891 ff.
BFH	23.06.1997	GrS 2/93	BStBl. II 1997, S. 735 ff.
BFH	27.06.2001	I R 45/97	BStBl. II 2003, S. 121 ff.
BFH	30.11.2005	I R 1/05	BStBl. II 2006, S. 471 ff.
BFH	17.04.2008	V R 39/05	BFH/NV 2008, S. 1712 ff.

III. Bundesgerichtshof

Gericht	Datum	Aktenzeichen	Fundstelle
BGH	28.01.1991	II ZR 20/90	NJW 1991, S. 1890 ff.

IV. Finanzgerichte

Gericht	Datum	Aktenzeichen	Fundstelle
FG Niedersachsen	18.04.2007	3 K 11463/05	EFG 2007, S. 1856 ff.